20 x Wien
SCHRÄG & SCHRILL

Alexandra Gruber · Wolfgang Muhr

20 x Wien
SCHRÄG & SCHRILL

pichler verlag

Kids
FREDERIC MISTRAL
Dracula

INHALT

VORWORT

Hinter uns liegen spannende, beeindruckende, erlebnisreiche Monate. Unsere Entdeckungsreise durch Wien war mal lustig, mal informativ und zeitweise ein richtiges Abenteuer. Gemeinsam leben wir mehr als ein halbes Jahrhundert in der österreichischen Hauptstadt - und sie vermag uns immer wieder zu überraschen.

Wir schwebten 400 Meter auf einer Seilrutsche die Donau entlang und fetzten in Seifenkisten durch die Innenstadt. Wir dirigierten die Wiener Philharmoniker und besuchten eine mystische jahrhundertealte Grotte. Entdeckten die geheime Schiffskoje vom alten Kaiser. Beobachteten am Krampustag den Nikolo, der in seinem Schlitten vom nächtlichen Himmel schwebte. Schärften unsere Sinne bei einem viergängigen Menü in vollkommener Dunkelheit. Steuerten das Flaggschiff der DDSG und einen Airbus. Spürten ein Aufnahmestudio auf, in dem jeder für 15 Euro eine Vinylsingle aufnehmen kann. Wärmten uns im Winter an den heißesten und exotischsten Plätzen der Stadt und gingen während der Hundstage eislaufen. Lösten bei einem Streifzug durch die Innenstadt einen Mordfall und entspannten in einem archaischen Urzeitgarten.

Wir trafen Meerjungfrauen und die Pionierin der Wiener Burlesque. Einen Eisschwimmer, der auch im Winter in jeder Vollmondnacht in die Donau steigt. Einen männlichen Poledancer und den Sensenmann. Eine leidenschaftliche Marionettenspielerin und einen alten Seebären, der am Donauufer vor Anker gegangen ist.

Um Außergewöhnliches, Skurriles, Anregendes, Witziges oder Schräges zu erleben, müssen Sie keinesfalls in ein Flugzeug steigen. Genauer gesagt brauchen Sie nicht einmal die Stadtgrenze passieren. Machen Sie sich einfach nur den Umstand zunutze, dass Sie sich in der leiwandsten Stadt der Welt befinden!

Die Autoren

Wien, April 2016

ATEMLOS & SCHWINDELFREI

Wien für ADRENALINJUNKIES

Wer nach einem faden Tag im Büro den besonderen Kick sucht, wird in Wien fündig: Adrenalinjunkies und alle, die es werden wollen, stürzen sich 60 Meter im freien Fall in die Tiefe, lassen sich mit 80 Kilometern pro Stunde durcheinanderwirbeln oder 90 Meter in die Höhe katapultieren, schweben 400 Meter entlang der Donau, rasen mit 900 PS unterm Hintern übers Wasser oder lassen sich wie eine Rakete in den Himmel schießen.

Es ist nur ein kleiner Schritt ins Leere. Mein Kopf weiß, dass die beiden Stahlseile mich halten werden, nur der Bauch muss noch überzeugt werden. Ich atme tief durch und steige nach vorne. Ein kurzer Kick, danach schwebe ich entlang des Donauufers und über die Trasse der U2-Station, unter mir winzige Menschlein und Miniaturboote. Welch erhabenes Gefühl: Ich fliege! Angst und weiche Knie sind vergessen, es ist nur noch wunderschön.

Adrenalin beschleunigt den Puls, steigert den Blutdruck und löst extreme Unruhe aus. Für unsere Vorfahren war das Stresshormon nötig, damit sie rascher vor Säbelzahntigern und diversem anderen urzeitlichen Getier fliehen konnten. Säbelzahntiger sind mittlerweile ausgestorben, also muss der moderne Büromensch die Produktion des Stresshormons künstlich herbeiführen. In Wien ist die **Spider-Rock-**Anlage bei der Donaumarina dafür eine ausgezeichnete Adresse. Vom 36 Meter hohen Turm fliegen Adrenalinjunkies an einer 360 Meter langen Seilrutsche, dem **Flying Fox**, über die Donau, rasen mit dem 900 PS starken **Schnellboot** der **Navy Seals** über das Wasser oder springen mithilfe des **Power Fan** aus 32 Metern Höhe in beinahe freiem Fall in die Tiefe.

„Manche stehen eine Viertelstunde oben, bevor sie hüpfen“, erzählt der Spider-Rock-Mitarbeiter, während uns der Lift wieder auf die Plattform des Turms transportiert. Und wenn ich mich gar nicht überwinden könne, dürfe ich auch wieder umdrehen, beruhigt er mich. „Wir stoßen niemanden, springen muss jeder selber.“

Als dann meine Zehenspitzen über die Plattform ragen, bekomme ich Zweifel. Das sollen 32 Meter sein? Von wegen, das sind gefühlte 150. Der Fall wird von einem ausgeklügelten technischen System gebremst, es kann nichts passieren. Trotzdem rast mein Puls wie verrückt. Warum ich dann trotzdem mein Hirn auf Leerlauf schalte und mich in die Tiefe fallen lasse, weiß ich nicht. Ich falle und werde extrem sanft abgebremst, bis ich am Fuß des **Spider Rock XL Tower** lande – und unsagbar stolz bin.

Der Wurstelprater, ganz extrem

Wie eine Steinschleuder katapultiert die Sling-Shot-Anlage **Ejection Seat** im **Wurstelprater** zwei schreiende Insassen in den Himmel. Bedauernswerterweise bin ich einer davon. Die zwei gespannten Gummiseile schnellen nach unten, um uns dann immer wieder ungefähr 90 Meter in die Höhe zu schleudern. Ich fühle mich wie eine menschliche Kanonenkugel, die der Adrenalinschleuder hilflos ausgeliefert ist.

Der Fallturm **Skyfall** (Foto links) ist noch heimtückischer, doch das Grinsen des Ticketverkäufers hat mich vorgewarnt. Die Sitze schleichen mit den Fahrgästen zunächst in die Höhe, bis sie 80 Meter über dem Boden verharren. Jetzt könnten wir eigentlich eine tolle Aussicht genießen, doch jeder weiß, was kommt. Von einer Sekunde auf die andere schießen wir im freien Fall 60 Meter in die Tiefe, bis die Bremsvorrichtung uns erlöst. Die Fahrzeit wird mit zwei Minuten und zehn Sekunden angegeben. Eine Ewigkeit also. Ich würde gerne aussteigen, aber der Höllenritt wiederholt sich ein zweites Mal. Diese Fahrt nach oben ist schlimmer als die erste. Zuerst hatten wir nur eine vage Vorstellung, was auf uns zukommt, doch die ist der Erfahrung gewichen. Wieder Stillstand in 80 Metern Höhe, Warten, nervöses Herumzappeln, freier Fall! Endlich am Boden, steigen taumelnde, aber glückliche Alltagshelden aus dem Fahrgeschäft.

Die Fahrt im welthöchsten Kettenkarussell **Prater Turm** (Foto oben) luftige 117 Meter über dem Boden wirkt dagegen wie eine gemütliche Spritztour mit sensationeller Aussicht. Menschen mit Höhenangst werden trotzdem auf eine harte Probe gestellt. Wenig später wirbelt mich die **Schwarze Mamba** (Foto unten), eine schlangenähnliche Schaukel, mit über 80 Kilometern pro Stunde dann wieder ordentlich durcheinander.

Der Wurstelprater bietet noch mehr adrenalinhaltige Attraktionen. Wer nichts verpassen möchte, bucht die **Adrenalin Tour**, also quasi an die zwei Stunden dauerndes Herzrasen. Die Teilnehmer werden mal in die Luft geschossen, mal wild durch die Luft geschleudert oder sie düsen in einer Wahnsinnsgeschwindigkeit auf einer Achterbahn herum.

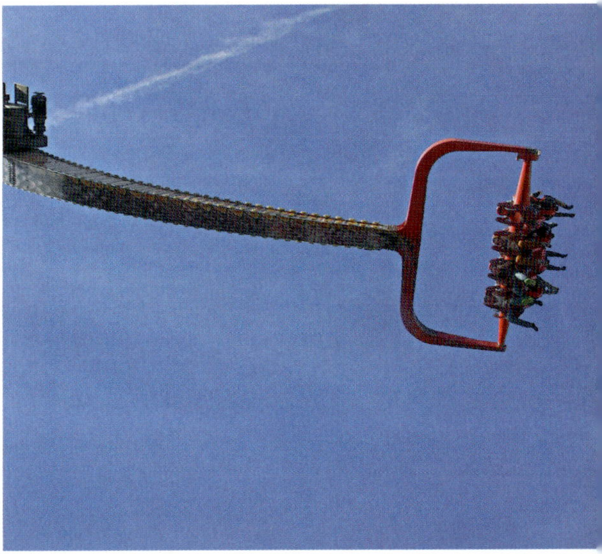

Klettern im Waldseilpark Kahlenberg

Etwa 20 Meter über dem Boden hantle ich mich im **Waldseilpark Kahlenberg** mühsam von Schlinge zu Schlinge. Die Kraft verlässt langsam meine Arme. Obwohl ich mit zwei Karabinern gesichert bin, treibt mir die schlichte Vorstellung, ins Seil zu fallen, den Angstschweiß ins Gesicht. Denn wie ich in diesem Fall wieder hochkommen soll, weiß ich nicht. Einerseits könnte ich herumhängen, bis ein Mitarbeiter zu Hilfe eilt. Aber in Anbetracht der Schulkinder, die in Sichtweite leichtfüßig auf dem schwierigen Parcours herumturnen, erscheint mir dies als würdeloses und daher unbedingt zu vermeidendes Szenario. Meine Selbstachtung besiegt also den inneren Schweinehund und ich erreiche mühsam den nächsten Rastplatz.

Seilbrücken, wackelige Netze und Flying-Fox-Strecken fordern auf diesem 2,1 Kilometer langen Parcours Konzentration, Ausdauer, Geschicklichkeit, Gleichgewichtssinn und Kraft. Einen besonderen Kick bietet das Nachtklettern im Waldseilpark. Im schwachen Schein von Lampions gleiten Mutige mit dem Flying Fox ins Dunkle. Wenn es vorher geregnet hat, ist der Parcours auch noch rutschig – und der Schwierigkeitsgrad der Übungen erhöht sich.

Der Klassiker auf dem Donauturm und eine menschliche Rakete

Der ultimative Kick ist jedoch **Bungee-Jumping** am **Donauturm**. Gesprungen wird von imposanten 152 Metern Höhe. Der Springer erreicht dabei im freien Fall eine Geschwindigkeit von circa 100 Stundenkilometern, ehe ihn das Gummiseil dann bis zu 30 Meter über dem Boden baumeln lässt.

Gebaut wurde die Rampe im Jahr 2000. Sie ist im Besitz der Firma **Actionmarketing**, die ab Sommer 2016 neue Highlights plant: **Mega-Swing**, eine Rie-

senschaukel auf der Aussichtsplattform des Donauturms, und **Rocket Bungee**, eine umgekehrte Variante des Bungee-Jumpings. Der Teilnehmer wird dabei mithilfe eines Bungee-Seils etwa 100 Meter in die Höhe geschleudert. Der Wagemutige trägt einen Ganzkörpergurt, der am Boden fixiert ist und an dem ein Bungee-Seil montiert wird. Mithilfe einer Seilwinde wird dieses auf die circa 3,5-fache Länge gespannt und schließlich gelöst. Der Adrenalinjunkie überwindet so die Erdanziehungskraft, fliegt als menschliche Rakete rasant nach oben und dann im freien Fall wieder nach unten.

Actionmarketing-Geschäftsführer Gregor Konrad schmiedet bereits weitere Pläne. „Wir möchten in Zukunft auch ein **Human Sling Shot** anbieten", verrät er. Dabei wird der Teilnehmer wie mit einer Steinschleuder horizontal durch die Luft geschossen. Wann dieses Projekt starten soll, ist noch ungewiss. Sicher ist aber, dass es sich sowohl beim Rocket Bungee als auch beim Human Sling Shot um absolute Neuheiten in Österreich handelt.

Steile Spaziergänge und steile Nächte

Für den aufregendsten Spaziergang Wiens ist ebenfalls Actionmarketing verantwortlich. Beim **House Running** werden Mutige mit einem Seil gesichert, um dann über die Außenfassade des Hotels Ibis hinunterzulaufen. Gestartet wird am Dach im 13. Stock, von wo aus der Teilnehmer eine Höhendifferenz von circa 47 Metern überwinden muss, bis er am Dach des ersten Stocks ankommt. Der erste Schritt von der Brüstung, bei dem ich mich nach vorne fallen lassen muss, kostet auch einem Schwindelfreien viel Überwindung.

In der Vertikalen marschiere ich dann mithilfe eines Zusatzseils im eigenen Tempo und mit deutlich erhöhtem Puls nach unten. Laut Gregor Konrad war der älteste Teilnehmer übrigens über 70 Jahre alt.

Actionmarketing arbeitet außerdem an der Umsetzung von **Urban Biwaking**, auch **Vertical Bed** genannt. Anders gesagt: Schlafen wie ein Extrembergsteiger, mitten in der Stadt. An der Hausfassade des Ibis sollen Outdoor-Zelte in etwa 50 Metern Höhe angebracht werden, in denen Gäste übernachten können. Der Wagemut eines Extrembergsteigers ist dabei nicht unbedingt nötig, denn während der Benützung wird das Zelt von einem Sicherheitsteam überwacht. Ob und wann das Urban Biwaking realisiert wird, ist bei Redaktionsschluss noch unklar.

Kulinarisches

Das **ROLLERCOASTER**RESTAURANT®, das im April 2016 seine Pforten geöffnet hat, verspricht den Besuchern einen hohen Erlebnisfaktor und spektakuläre technische Besonderheiten: Nebelmaschinen, eine fantastische Lichtanlage mit mehreren Moving Heads (beweglichen Scheinwerfern), über 30.000 einzeln steuerbare LEDs, Projektionsflächen, mehrere Flatscreens

und als Herzstück die Achterbahn mit Loopings, Steilkurven und Spiralen, auf der Speisen und Getränke teilweise mittels Katapultantrieb auf einem Schienensystem direkt zu den Gästen sausen.

Angeboten werden internationale Küche (Burger, Pasta), fränkische, bayrische und Wiener Spezialitäten zu moderaten Preisen. Die Gäste geben an ihrem Tisch die Bestellungen in die Benutzeroberfläche von Tablets ein und schicken diese direkt in die Küche. Nach der frischen Zubereitung wandert das Essen über eine Förderanlage auf die Versandplattform. Dort identifizieren zwei Roboter Speisen und Getränke und verteilen sie auf die Schienen oder in zwei Katapultantriebe. Die eingesetzte Technik verkürzt die Abläufe bei Bestellung und Versand enorm, Speisen und Getränke kommen sehr schnell bei den Gästen an. Bezahlt wird an der Kassa.

Das zweistöckige Achterbahnlokal im Wiener Prater ist zwar nicht das erste seiner Art, bietet aber doch einige Weltneuheiten. Statt Kellnern mixen Roboter die Cocktails und unterhalten die Gäste mit verschiedenen Showeinlagen wie Lichtschwertkämpfen zur Musik von *Star Wars* oder mit Tanzeinlagen. Ebenfalls eine Weltneuheit ist das **ROLLERCOASTER**ROULETTE®, bei dem die Mitspieler am Tisch um Getränkerunden spielen.

INFO!

Spider Rock Marina Wien: Handelskai 343, 1020 Wien.
Geöffnet von Mai bis September, wetterabhängig. www.spider-rock.at

Prater Wien: 1020 Wien.
www.praterwien.com/attraktionen/tourdetails/t/adrenalin-tour

Waldseilpark Kahlenberg: Josefsdorf 47, 1190 Wien.
Nachtklettern Mai bis September, Freitag und Samstag bis 23 Uhr möglich.
www.waldseilpark-kahlenberg.at

Donauturm: Donauturmstraße/Mispelweg 8, 1220 Wien.
www.bungee-donauturm.at, www.rocket-bungee.at

House Running & Urban Biwaking: Hotel Ibis, Mariahilfer Gürtel 22–24, 1060 Wien. www.houserunning-wien.at

ROLLERCOASTERRESTAURANT®**:** Riesenradplatz 6, 1020 Wien.
Geöffnet täglich 11:00–23:00 Uhr. www.rollercoaster.rest

O DU FRÖHLICHE

Wien für FREUNDE DES ADVENTS

Der Nikolo schwebt am Krampustag in Simmering mithilfe eines Krans vom Himmel, in der Donaustadt werden in der Adventzeit zauberhafte künstliche Winterlandschaften zum Leben erweckt und in einem Hernalser Hinterhof schneit es das ganze Jahr.

Der hüfthohe Krampus in seinem dicken Fellkleid flitzt minutenlang zwischen Punschständen und den mit Lichterschlangen geschmückten Baumaschinen herum und fuchtelt wild mit seinem Stock. Je näher die Ankunft des Nikolos rückt, desto aufgedrehter werden die Kinder. Die Erwachsenen stehen am Lagerfeuer, nippen an ihren mit Punsch gefüllten Bechern und recken gespannt die Köpfe nach oben. Vor wenigen Minuten sind zwei Perchten aus einem Heißluftballon gestiegen und haben ihre Ruten geschwungen. Die kleineren Kinder weichen ängstlich zurück, die Älteren stellen sich bei den teuflischen Knechten um ein Selfie an.

Es ist jetzt knapp vor 19 Uhr und wir warten im Simmeringer **Baggerpark** (siehe auch Seite 72) in der Menschenmenge auf den Hauptact des Abends. Kunstschnee fällt sanft auf unsere Gesichter und aus den Boxen klingt der Gospelsong *You Raise Me Up*. Zwischen Baumwipfeln leuchtet in der sternenlosen Nacht in über 70 Metern Höhe ein Schlitten, der langsam auf die Erde herabschwebt. Die Kinder erkennen den Nikolaus immer deutlicher, der rot gewandete Mann winkt ihnen freundlich zu und die Kleinen winken zurück. Nachdem das Gefährt auf der Bühne gelandet ist, steigt er aus, schreitet die Treppe hinunter und hält eine Begrüßungsrede. „Die alten Traditionen sind wunderschön, wir sollten sie weiterführen und pflegen", sagt er mehr in Richtung der Erwachsenen.

Seit einigen Jahren verkleidet sich Baggerparkbesitzer Paul Hofer an jedem 5. Dezember als Nikolaus und lässt sich von einem Kran in einem mit Lichterschlangen geschmückten Schlitten in schwindelerregende Höhen hochziehen, um das Wintermärchen so realistisch wie möglich zu inszenieren. Die Kinder stellen sich diszipliniert in einer Schlange an und warten auf die Audienz beim Nikolaus, der inzwischen auf einer roten Plüschcouch thront. Neben ihm auf dem Boden kauert ein Krampus und bewacht die roten Zellophansackerl, die mit Nüssen und Süßigkeiten gefüllt sind. Die weißen Haare und der Rauschebart verdecken Hofers Gesicht fast bis zur Unkenntlichkeit, nur die Augen blitzen durch und verraten, wie viel Spaß ihm die ganze Aktion macht.

Ganz in seiner Rolle erkundigt er sich nach Hobbys und Wohlbefinden der Mädchen und Buben, die der Reihe nach neben ihm Platz nehmen. Nach dem Small Talk schenkt er ihnen jeweils ein Sackerl. Nur ein paar Knirpse bringen ihn kurz aus dem Konzept: „Was, du heißt schon wieder Justin?"

Während die letzten Kinder noch auf ihr Nikolosackerl warten, läutet ein Feuerwerk das nahe Ende der Veranstaltung ein. Hofer hat alle Register gezogen, um diesen Abend so außergewöhnlich und magisch wie möglich zu gestalten. Für kleine und große Besucher gleichermaßen.

Weihnachtsschlaraffenland in der Donaustadt

Hänsel und Gretel sitzen in Lebensgröße vor ihrem Lebkuchenhaus im Weihnachtswald, ein hünenhafter Zwetschkenkrampus lässt seine Zunge heraushängen, imposante Lollipops, Zuckerstangen und Cupcakes versüßen optisch künstliche Winterlandschaften, der Duft von Nadelbäumen umschmeichelt unsere Nasen. Die Stadtgärtner erschaffen in den beheizten Glashäusern der **Blumengärten Hirschstetten** (siehe auch Seite 46) alljährlich im Advent eine magische Zauberwelt für Kinder und Erwachsene.

Ein Geheimtipp sind **Adventmarkt** und **Weihnachtsschau** in der Donaustadt schon lange nicht mehr, 2015 fand die Veranstaltung bereits zum 13. Mal statt. Aber es ist wohl der schönste, innova-

tivste und außergewöhnlichste Weihnachtsmarkt Wiens. Durch seine etwas abgelegene Lage zieht er wesentlich mehr Einheimische als Touristen an, die jedes Jahr von einem neuen Themenschwerpunkt und viel Liebe zum Detail überrascht werden. 2015 drehte sich die Schau etwa um die „Süße Weihnachtszeit".

Angeregt von den festlich gedeckten Gabentischen inmitten der üppigen Flora lernen wir typische Weihnachtsschlemmereien aus ganz Europa kennen. Etwa das Weihnachtsbrot Christopsomo aus Griechenland, Kransekake, einen Turmkuchen aus Norwegen oder Risalamande, den Milchreis mit gehackten Mandeln und Kirschsauce aus Dänemark. Die kulinarische Reise führt weiter in die Ursprungsländer von Gewürzen wie Safran, Ingwer und Co., die diesen Variantenreichtum erst möglich machen. Zusätzlich zur Indoor-Weihnachtsschau säumen im Freien traditionelle Adventhütten den Weg, der durch die weihnachtlich beleuchtete Gartenlandschaft führt. Hier werden regionale Schmankerl, Punsch, Christbaumschmuck, Kunsthandwerk und Spielzeug feilgeboten.

Eindrucksvoll ist sie, die Weihnachtsschau in Hirschstetten, gewürzt mit der richtigen Dosis Kitsch. Das Warten aufs Christkind macht hier unheimlich viel Spaß.

Ewig rieselt der Schnee

Die weißen Flocken zuckern sanft das Wiener Rathaus, ein paar Punschhütten und musizierende Menschen umkreisen den großen Weihnachtsbaum. Konserviert wird die stimmungsvolle Szenerie von einer Glaskugel. Tausende Figuren, Miniaturgebäude und Landschaften wurden in den letzten 115 Jahren im 17. Wiener Gemeindebezirk in der **Original Wiener Schneekugelmanufaktur** kreiert und in mit Wasser und Flocken gefüllte Kugeln platziert. Die außergewöhnlichsten und erfolgreichsten sind in einem circa 30 Quadratmeter kleinen Museum zu besichtigen und zu kaufen.

Der eigentlich auf Chirurgieinstrumente spezialisierte Mechaniker Erwin Perzy I. schuf im Jahr 1900 in einem Hernalser Hinterhof eine kleine Zauberwelt, in der es jeder durch eine einfache Handbewegung schneien lassen kann. „Es weckt so eine Verspieltheit, eine kleine Freude in einem, egal wie alt man ist", sagt Sabine Perzy, seine Urenkelin. Die junge Frau hat pechschwarzes langes Haar und weiße Haut, passenderweise ein bisschen wie Schneewittchen. Sie

ist gelernte Werkzeugmacherin und wird in vierter Generation den Familienbetrieb übernehmen. Noch ist ihr Vater Erwin Perzy III. unumstrittener König im Reich des ewigen Schneegestöbers.

Sein Großvater Erwin Perzy I. sollte damals eigentlich für Chirurgen die Leuchtkraft der elektrischen Glühbirne verbessern. Er hängte eine mit Wasser gefüllte Kugel vor eine Kerze, eine sogenannte Schusterlampe. Die Flamme schien durch das Wasser auf den Arbeitsplatz des Handwerkers und erzeug-

te einen hellen Fleck. Der Wiener streute Glasflitter in die Kugel, um durch die Reflexionen mehr Licht zu erzeugen. Doch der Flitter sank viel zu schnell nach unten. „Mein Urgroßvater füllte Grieß in die Schusterkugel, und der sank langsam zu Boden", erzählt Sabine Perzy. Der erfinderische Hernalser wurde dabei an Schneefall erinnert, verfeinerte die Rezeptur – und erfand so ein Spielzeug für Erwachsene.

Die Schneekugeln werden übrigens nicht geschüttelt, sondern einfach auf den Kopf gestellt, um es schneien zu lassen. Die genaue Mischung für die Schneeflocken aber bleibt ein streng gehütetes Familiengeheimnis.

Ungefähr 200.000 Schneekugeln in fünf unterschiedlichen Größen werden jährlich in der kleinen Werkstatt in einem unscheinbaren Haus in der Schumanngasse hergestellt, besonders in der Zeit vor Weihnachten herrscht Hochbetrieb. Die Kugeln werden mit handbemalten Motiven bestückt, gefüllt, zusammengebaut und verpackt. Es gibt ein paar Hundert Standardmotive, auf verschiedenste Landschaften, Tiere, Sehenswürdigkeiten und Figuren rieselt der Schnee unter der Glashaube. „Das am meisten verkaufte Modell ist der Schneemann", sagt Erwin Perzy. In der Adventzeit würden außerdem Weihnachtsbäume und -männer sehr gut gehen. Und dann wird es für die Perzys so richtig stressig. Eine Bestellung nach der anderen trudelt ein, die Familie und eine Handvoll Mitarbeiter kommen mit dem Produzieren kaum nach. Für Führungen bleibt keine Zeit mehr, dafür bleiben jedoch die Türen des dazugehörigen Museums sieben Tage pro Woche geöffnet. Fotos, Kugeln und Werkzeug sind ausgestellt und erzählen die Geschichte des Wiener Traditionsbetriebs.

Einzelstücke werden auf Wunsch gefertigt, so Perzy: „Vor Weihnachten ist das der Renner." Aber auch für Hochzeiten, Geburtstage und selbst Scheidungen werden Spezialanfertigungen bestellt. Sogar den ehemaligen US-Präsidenten Bill Clinton haben die Perzys schon beliefert. Ausnahmsweise rieselte in dieser Kugel kein Schnee, sondern zerkleinerter Original-Wahlkampf-Flitter der Demokraten. Durch Zufall hat Perzy erfahren, dass sein Großvater auch die Schneekugel für Orson Welles' Film *Citizen Kane* (1941) angefertigt hat.

Gibt es Aufträge, die er ablehnen würde? „Ja, alles was mit Mord und Totschlag zu tun hat. Die Kugel soll eine heile Welt sein. Panzer, Kanonen, Revolver, alles das mache ich nicht. Ich bin Pazifist und hasse Krieg und Streit, das soll sich in meinem Produkt widerspiegeln. Die Schneekugel ist eine in sich geschlossene Welt, in der soll nur Frieden herrschen."

Wiener Adventschmankerl

Im luxuriösen **Palais Coburg** in der Innenstadt werden selbstgemachter Chili-Cherry-Punsch ausgeschenkt und Gourmetgerichte zubereitet. Einerseits ist das Palais zentral in der Innenstadt gelegen, andererseits sitzen die Gäste oben auf der Bastei ganz für sich in einer traumhaft schönen Location. Warmgehalten werden die Besucher mit Decken und Wärmelampen. Fast familiär und gemütlich mutet dagegen das Punschtrinken in der **Bunkerei Augarten** an. Etwas abseits des Innenstadttrubels rösten Eltern mit ihren Kindern Marshmallows am Lagerfeuer. Die Erwachsenen trinken Glühwein, Punsch und heiße Cocktails. An den letzten beiden Adventwochenenden wird zusätzlich der **Kunst & Kram Weihnachtsmarkt** veranstaltet. Verkauft werden Handwerk, Kulinarisches, Kleidung, Bücher und CDs.

Junge Designer bieten jedes Jahr im Advent ihre eigenen Kreationen auch beim alternativen Kunst- und Designmarkt **Lights 2013** im **WUK** (Werkstätten- und Kulturhaus) an. Kerzenschein sorgt für Weihnachtsstimmung, Livemusik am Abend für Unterhaltung. Den besten Ausblick verspricht hingegen der **Weihnachtszauber** auf Schloss Wilhelminenberg. Hier ist die Zahl der Aussteller überschaubar, aber dafür liegt uns das nächtliche Wien zu Füßen und am 21. Dezember gibt es als Höhepunkt ein Weihnachtsfeuer.

Die Dachterrasse des **The Ritz-Carlton** am Schubertring bietet ebenfalls eine fantastische Aussicht über die Stadt und ist wesentlich zentraler gelegen. Die **Atmosphere Rooftop Bar** im 8. Stock des Hotels wiederum verwandelt sich zur Adventzeit in einen stimmungsvollen, jedoch nicht ganz günstigen Christkindlmarkt in luftigen Höhen.

Der **Mittelalterliche Weihnachtsmarkt** vor dem Heeresgeschichtlichen Museum in Wien-Landstraße schließlich findet zwar nur an wenigen Tagen im Jahr statt, entführt mit Gauklern, Handwerkern und Elfen jedoch in eine ganz besonders magische Welt.

INFO!

Nikolaus im Baggerpark: Alberner Hafenzufahrtsstraße 21, 1110 Wien. www.baggerpark.at

Adventmarkt und Weihnachtsausstellung in den Blumengärten Hirschstetten: Quadenstraße 15, 1220 Wien. Geöffnet von 17. November bis 18. Dezember 2016, Donnerstag bis Sonntag. Das Motto wechselt jedes Jahr. Freier Eintritt. www.wien.gv.at/umwelt/parks/blumengaerten-hirschstetten

Original Wiener Schneekugelmanufaktur: Schumanngasse 87, 1170 Wien. www.viennasnowglobe.at

Palais Coburg: Coburgbastei 4, 1010 Wien. www.coburg.at

Bunkerei Augarten: Obere Augartenstraße 1 a, 1020 Wien. www.bunkerei.at

WUK: Währinger Straße 59, 1090 Wien. www.wuk.at

Weihnachtsmarkt Wilhelminenberg: Savoyenstraße 2, 1160 Wien (Foto links).

The Ritz-Carlton: Schubertring 5-7, 1010 Wien. www.ritzcarlton.com

Mittelalterlicher Adventmarkt im Heeresgeschichtlichen Museum: Arsenal Objekt 1, 1030 Wien. www.hgm.at

WIE DIE ZEIT VERGEHT

Wien für FANS DES ANALOGEN

In einem Kino in Penzing werden in regelmäßigen Abständen Stummfilme mit Klavierbegleitung gespielt, in der Leopoldstadt nehmen Profis und Amateurmusiker noch Vinylplatten auf und in der Innenstadt organisieren die PolaWalker Fotospaziergänge mit alten Polaroidkameras.

Marlene Dietrich spielt sich auf der Leinwand die Seele aus dem Leib, zieht das Publikum mit Blicken und langen Beinen in ihren Bann. Die Femme fatale konnte das Publikum auch ohne ihr Markenzeichen, die tiefe, rauchige Stimme, verführen. Der Film *Die Frau, nach der man sich sehnt* wurde 1929 gegen Ende der Stummfilmzeit gedreht. Pianist Gerhard Gruber sitzt am Klavier vor der Leinwand und begleitet die tonlosen Schwarz-Weiß-Bilder, passt Musik und Körpersprache den jeweiligen Geschehnissen auf der Leinwand an. „Ich probe nicht, sondern spiele spontan, gehe mit den Emotionen des Films mit", wird er nach dem Ende der Vorführung erklären.

Die **Breitenseer Lichtspiele** wurden 1905 als Zeltkino nahe dem heutigen Standort gegründet, 1909 übersiedelten sie als Ladenkino in das Gründerzeithaus in die Breitenseer Straße, das seither bis auf eine kurze Unterbrechung während des Zweiten Weltkrieges durchgehend bespielt wird. Das Programmkino zeigt vorrangig österreichische und europäische Filme. Die regelmäßigen Stummfilmvorführungen mit Live-Klavierbegleitung sind eine Rarität in Wien, eine kulturelle Kostbarkeit Penzings. Zudem verwandelt sich das Kino alle sechs bis sieben Wochen in eine Handarbeitsstube. Bei gedämpftem Licht stricken und häkeln Damen und auch ein paar Herren während der Filmvorführung. Die Idee dazu hatte die Gründerin des 1. Wiener Strickvereins, Susanne Kristek.

1969 erwarb Anna Nitsch-Fitz das Penzinger Kino. Die pensionierte Professorin betreibt es allen wirtschaftlichen Widrigkeiten und allem Besucherschwund zum Trotz bis heute und ist die Seele des Filmtheaters. „Ich habe diesen Beruf von der Pike auf gelernt", sagt sie stolz, während sie hinter dem Verkaufstresen auf Besucher wartet. Ihre Großmutter besaß zunächst ein Lichtspieltheater in Nussdorf, danach in der Heiligenstädter Straße. „Während meine Mutter Filme vorführte, habe ich in der Sandkiste gespielt. Später durfte ich Filme anschauen, und als ich älter wurde, bin ich als Billeteurin und Kassiererin eingesprungen", erzählt sie. 1967 starb ihre Großmutter und ihr Vater erbte das Kino, sperrte es aber zwei Jahre später zu. Er fürchtete schon damals die Konkurrenz des Fernsehens. Für Nitsch folgte ein kinolo-

ser Sommer. Es sollte der einzige in ihrem Leben bleiben, denn noch im selben Jahr übernahm sie das Breitenseer Kino. Ihre Augen leuchten, wenn sie betont: „Ich hänge mit meinem ganzen Herzblut dran."

„Wie Sie hier sehen können, lädt der Computer gerade den Film für das neue Programm", erklärt Vorführer Josef Francsics. Obwohl das in die Jahre gekommene Equipment noch immer funktioniert, spielt er einen digitalisierten Film ab. „Vor ein paar Jahren liefen hier noch 35-mm-Filme. Aber diese Kopien sind sehr teuer." Trotzdem wünscht er sich die alte Technik zurück. „Die ist viel widerstandsfähiger. Fällt eine Maschine aus, spiele ich auf der anderen weiter. Hängt sich hingegen ein digitaler Film auf, geht meistens gar nichts mehr." Wie viele Filme im Laufe der Jahre gerissen sind und wie viele er schon geklebt hat, weiß Francsics nicht genau. „Unmengen auf jeden Fall", sagt er und lacht. Doch bei der Ant-

wort auf die Frage, wie viele Besucher im Schnitt kommen, wird seine Stimme leise: „Nur ganz wenige."

Von den 168 Sitzplätzen bleibt der Großteil meist frei, das Lichtspieltheater kämpft zudem mit hohen Fixkosten. 2012 appellierte Bezirksvorsteherin Andrea Kalchbrenner an die Einwohner Penzings, Vorführungen in dem von der Schließung bedrohten Kleinod zu besuchen, um „dieses wahrscheinlich älteste noch bespielte Kino der Welt zu erhalten".

Die Wiener Hochburg des Analogen

„Früher haben uns die Geräusche der Schallplatte in den Wahnsinn getrieben, jetzt lieben wir sie wieder", schwärmt **Supersense-**Mitbegründer Florian Kaps, als er eine Vinylsingle auf den Plattenspieler legt. Wir hören Gesang im Wiener Dialekt und Gitarrenspiel, kombiniert mit Rauschen, Knistern und Kratzen. So wie früher eben, in den Sechziger- und Siebzigerjahren.

Supersense im venezianisch anmutenden Dogenhof in der Leopoldstadt ist eine Mischung aus Café, Concept Store, Museum und altem Handwerk. Die Einrichtung ist im Stil der Fünfzigerjahre gehalten, die Bogendecken und die hohen Altbauwände sind mit vergoldetem Stuck verziert. Auf 240 Quadratmetern werden die Besucher in eine andere Zeit katapultiert, in eine Zeit vor Digitalkamera, MP3 und Smartphone. „Das Digitale ist nicht wirklich real. Wir können es nicht angreifen, nicht riechen, nicht schmecken, nicht spüren. Das Analoge ist das Multisensorische, das dem Digitalen fehlt", sagt Kaps.

In der hölzernen Liftkabine, die in ein kleines Aufnahmestudio umgebaut wurde, können die Besucher für 15 Euro eine eigene Vinylsingle aufnehmen. Nebenan, im professionellen Aufnahmestudio mit Wohnzimmeratmosphäre, hat unter anderem die bekannte belgische Rockband Triggerfinger vor Kurzem eine Schallplatte aufgenommen.

Supersense hat auch den bereits ausgestorbenen Beruf des Setzers wiederbelebt. Auf einer alten Druckmaschine erstellt einer, der dieses Handwerk noch gelernt hat, Postkarten, Einladungen, Visitenkarten, Poster oder Plat-

tencover auf Bestellung. Daneben werden mit der größten Polaroidkamera der Welt, von der es weltweit nur sieben Stück gibt, Porträts im Format 50 x 60 Zentimeter angefertigt. Wer lieber selbst fotografiert, kann im Shop Polaroidkameras (Foto Seite 32) und die dazu passenden Impossible-Filme erwerben. Dass diese nach dem dreimaligen Konkurs der Firma Polaroid überhaupt noch erzeugt werden, ist unter anderem Florian Kaps zu verdanken. Als 2008 auch die letzte Fabrik in der holländischen Stadt Enschede geschlossen wurde, produzierten der Wiener und ehemalige Polaroid-Mitarbeiter unter dem Namen „Impossible" Sofortbildfilme, die zu diesem Zeitpunkt bereits weltweit ausverkauft waren, und retteten die Polaroidfotografie damit vor dem Aussterben. „Das Polaroid ist kein Abzug von einem Negativ, es ist ein Original, ein chemisches Gemälde. Jedes Foto schaut anders aus, je nach Temperatur, Luftfeuchtigkeit und Kameraeinstellung", schwärmt Kaps.

Ein besonderes Gerät ist auch die Flaschenpostmaschine, mit der Romantiker Briefe, Fotos, Einladungen oder Ähnliches in schöne Flaschen korken lassen. Im Geruchslabor gegenüber werden in Ampullen 26 verschiedene Gerüche zum Verkauf angeboten, die in der Natur nicht vorhanden sind und von einer Geruchsforscherin für Supersense entwickelt wurden. Der Besitzer eines „Smell Memory Kits" öffnet die Ampulle in einem Moment, den er in seiner Erinnerung abspeichern möchte. Das Erlebte wird dann für immer mit diesem Geruch verbunden.

Supersense will alle Sinne ansprechen. Hier dürfen wir alles angreifen, einen neuen Geruch erwerben, ein analoges Foto schießen oder eine Vinylplatte aufnehmen. Und der Geschmackssinn kommt im angeschlossenen Kaffeehaus durch den Rolls-Royce der Kaffeemaschinen, eine Slayer, auf seine Kosten.

Die alten Techniken werden in verschiedenen Workshops weitergegeben, jeder kann alles selbst ausprobieren. Was Kaps am meisten überrascht hat, war das Interesse der Jungen. „Zuerst kamen die Leute in meinem Alter, so zwischen 40 und 50. Und dann die zwischen 16 und 24 Jahren. Die sind in einer digitalen Welt aufgewachsen und suchen auf der Schreibmaschine bisweilen die Löschtaste, entdecken aber mit einer unglaublichen Neugierde und Vehemenz das Analoge."

Kaps ist kein Digitalverweigerer, vielmehr will er mithilfe digitaler Vertriebswege das Analoge erhalten. „Der Mensch ist auf der Erde, um Fußspuren zu hinterlassen. Das gelingt am besten, indem man Dinge schafft, die auch noch von Bestand sind, wenn man selber nicht mehr da ist."

Fotospaziergänge mit der Polaroid

Heute schießen wir in der Spittelberggasse unsere allerersten Bilder mit einer Polaroidkamera. Wir entscheiden uns für einen Brunnen als Motiv, jeder wählt einen Ausschnitt, dann heißt es tief durchatmen, um die Kamera stabil zu halten. Nach dem Auslösen surrt der kleine Motor im Gehäuse und das Foto kriecht aus dem Schlitz. Wir versuchen, die Anweisungen meines Guides Gilbert Lechner zu befolgen: Kamera umdrehen, Foto herausziehen, den lichtempfindlichen Teil mit einem Karton schützen und mit dem breiten Bildrand nach unten in die Manteltasche stecken. Nun heißt es warten.

Kurz zuvor haben wir Gilbert Lechner, einer der **PolaWalk**-Guides, beim Volkstheater in Wien-Neubau getroffen. „Der Impossible-Film kommt noch nicht an Polaroidfilm heran. In einer Kassette sind nur acht Fotos statt zehn, der Film ist lichtempfindlicher und braucht mehrere Minuten, bis er fertig entwickelt ist." Nachdem er die Kameras ausgeteilt hat, erklärt er die Handhabung. Wir üben mit Dummy-Filmkassetten den Umgang mit den unge-

wohnten Geräten. Lechner empfiehlt für heute einen Schwarz-Weiß-Film. „Bei unserer ersten Station am Spittelberg erwarten uns klassische Motive. Die kommen bei schönem Wetter schwarz-weiß besser zur Geltung."

Im Gegensatz zur Digitalfotografie überlegen wir uns mit der Polaroidkamera dreimal, ob wir abdrücken. Acht Fotos kosten 20 Euro. Lechner berät bei der Motivauswahl und hilft bei der Belichtungseinstellung. „Fotografische Vorkenntnisse sind nicht nötig, aber es gibt ein paar Dinge, die man beachten sollte." Vieles ist bei der analogen Sofortbildfotografie dem Zufall überlassen: „Bei kaltem Wetter bekommen die Bilder einen Blaustich, ist es zu heiß, werden sie rotstichig. Auch die Lagerung des Films hat einen Einfluss auf das Bild." Diese Fotos könne man nicht kopieren oder retuschieren, doch gerade deshalb hätten sie für ihn einen ganz besonderen Wert.

Als die Polaroidkameras in den Siebzigerjahren den Höhepunkt ihrer Popularität erreichten, war Lechner noch gar nicht auf der Welt. „Ich bin 1986 geboren, Nostalgie verspüre ich keine", sagt er. Seit August 2013 veranstaltet er mit seinem Kollegen Thomas Preyer die sogenannten PolaWalks, also geführte Spaziergänge durch Wien, bei denen die Teilnehmer mit Polaroidkameras ausgerüstet werden, um ihre Eindrücke auf kreative Art und Weise festzuhalten und diese anschließend mit nach Hause zu nehmen.

Die Grundidee sei, so Lechner, ein Souvenir nicht zu kaufen, sondern es selbst zu gestalten. „Das ist ganz was anderes als ein x-beliebiges T-Shirt. Ein Polaroidfoto ist ein einzigartiges Erinnerungsstück. In Wien ist genau in diesem Moment dieser Lichtstrahl auf ein Negativ gefallen und dadurch entsteht ein Bild, das man kein zweites Mal machen kann", sagt Lechner. Interaktive Angebote für Touristen und Einheimische seien im Trend. „Die Leute wollen heute mehr als nur schauen oder zuhören, sie möchten selber aktiv werden."

Preyer und Lechner verkaufen auch Pakete mit auf Funktion getesteten Kameras, gedruckten Erklärungen, Film und einem Jahr Garantie. Polaroidkameras werden heute nicht mehr hergestellt und können nur noch secondhand erworben werden.

Analoge Trash-Fotografie

Anders verhält es sich mit diesen Formen der analogen Fotografie: Im **Lomography Embassy Shop Vienna** direkt beim Wiener Naschmarkt wird die Retrokamera aus St. Petersburg in allen möglichen Ausführungen vertrieben. Zusätzlich zu den analogen Trash-Fotoapparaten führt der Shop jede Menge Zubehör und Accessoires, Designstücke, Bücher und allerlei anderen Kleinkram. Ausstellungen und Workshops werden ebenfalls hier veranstaltet.

Die Erfolgsgeschichte der russischen Kamera nahm in Wien ihren Anfang. Ein paar Wiener Studenten entdeckten die Kleinbildkameras in Prag, machten Schnappschüsse und waren von den kontrastreichen, farbintensiven Ergebnissen begeistert. Weltweit wuchs die Fangemeinde, 1992 wurde die Lomographische Gesellschaft mit Hauptsitz in Wien gegründet. Im Laufe der Jahre wuchs das Repertoire der Fotoapparate ständig, mittlerweile werden verschiedenste Lomos – vom Fischauge bis zur Unterwasserkamera – angeboten. Doch die Grundregeln sind bis heute gleich geblieben: Ein richtiger Lomograph schießt seine Fotos aus der Hüfte oder aus anderen ungewöhnlichen Positionen, verwackelte und unscharfe Bilder sind gewollt.

Momentaufnahmen in Schwarz-Weiß

Seit 2010 steht eine **analoge Fotokabine** aus den 1960er-Jahren im Hof des MuseumsQuartiers, weitere Retrogeräte befinden sich unter anderem in der Pratersauna, im Foyer des 25hours Hotels in der Lerchenfelder Straße oder bei der Strandbar Herrmann am Donaukanal. Die Geräte wurden restauriert, ein Streifen mit vier Schwarz-Weiß-Fotos kostet zwei Euro.

Beisln mit Vinylmusik

Das **Malipop** in Wien-Landstraße existiert schon seit mehr als drei Jahrzehnten - und bis heute legt die Besitzerin nur Vinylplatten auf. Gespielt wird Musik aus den 1960er- und 1970er-Jahren, aber auch Rock oder Indie. Die Räumlichkeiten sind ebenfalls seit Ewigkeiten gleich geblieben. Wenige Marmortische und Holzstühle stehen herum, an der Theke gibt es ein paar Stehplätze und an den Wänden erzählt die Patina vom jahrelangen Lokalbetrieb in der Raucherbar.

Eines der schäbigsten und verrauchtesten Beisln in Wien ist das **Café Bendl** in der Landesgerichtsstraße - und genau das macht seinen Charme aus. In dem Kellerlokal ist irgendwie die Zeit stehen geblieben. Seit Jahrzehnten offeriert die minimalistische Speisekarte die gleichen Fertiggerichte, die Tapeten sind schon ewig vergilbt und mit dem lokaleigenen Wurlitzer spielen die Besucher die immer gleichen Lieder. Ein Münzeinwurf und Nancy Sinatra, Falco oder Peter Alexander stimmen ihre größten Hits an. Noch eine Tradition hält sich schon seit zig Studentengenerationen: das Bierdeckelwerfen, an dem sich in den frühen Morgenstunden jeder Gast beteiligen muss. Wer gerne Promis schauen geht, ist im Bendl ebenfalls gut aufgehoben: Durch die Nähe zu Rathaus, Parlament und mehreren Theatern sind häufig Politiker oder Schauspieler anzutreffen.

INFO!

Breitenseer Lichtspiele: Breitenseer Straße 21, 1140 Wien. www.bsl-wien.at

Supersense: Praterstraße 70, 1020 Wien. Eintritt frei.
Terminvereinbarung für Workshops über die Homepage. the.supersense.com

PolaWalk: Anfang März bis Ende Oktober täglich bis zu zwei PolaWalks, Tour findet ab dem ersten Teilnehmer statt. Ganzjährig Polaroidworkshops inklusive Kreativitätstechniken. www.polawalk.com

Lomography Embassy Shop Vienna: Kettenbrückengasse 20/1, 1040 Wien. www.lomographyembassyvienna.com

Photoautomat im MuseumsQuartier: Museumsplatz 1/5, MQ Hof 3, 1070 Wien. www.photoautomat.de

Café Malipop: Ungargasse 10, 1030 Wien

Café Bendl: Landesgerichtsstraße 6, 1010 Wien. bendl.wordpress.com

FIT DURCH DIE STADT

Wien für BEWEGUNGSHUNGRIGE

Sportbegeisterte trainieren in einem zwei Hektar großen Outdoor-Fitnesscenter am Stadtrand, passionierte Radfahrer und Jogger kombinieren Bewegung mit Sightseeing, Fußgeher entdecken bei geführten Spaziergängen Spannendes in unterschiedlichen Grätzeln, Schifahrer freuen sich über ganzjährigen Schnee in Aspern und ein Poledancer erklärt, warum der Tanz an der Stange auch für Männer geeignet ist.

„Während des Schaukelns muss von jedem Nutzer die labile Standposition durch aktive und reaktive Muskelarbeit aufrechterhalten bzw. immer wieder situativ angepasst werden." So klingt das in der Theorie. Praktisch umklammere ich verkrampft die Haltetaue der Stehschaukel und schwanke vorwärts. Das ist schwieriger als gedacht, doch es gelingt. Von anmutigen Bewegungen war schließlich nie die Rede.

Ein junger, sportlicher Mann rudert auf dem Wackelbrett mit seinen Armen, ein anderer hängt erschöpft am Seil des Wasserzylinders, Teenager wippen vorsichtig auf dem bunten Wackelstern. Der **Motorikpark Wien** in der Donaustadt ist ein Fitnesscenter unter freiem Himmel, das Erwachsene und Kinder gleichermaßen fordert. Auf den 23 Stationen vom Balancierparcours zur Hürdenstrecke und vom Parallelslalom bis zur Trampolinstrecke können Sportbegeisterte aller Altersgruppen seit April 2015 gratis Ausdauer, Gewandtheit, Kraft und Koordination trainieren. Die hundert Einzelgeräte wurden von einem Sportwissenschaftler speziell für die zwei Hektar große Anlage entwickelt.

„Spielerische Rumpf-, Schulter- und Armkräftigung" verspricht das Training auf der Wasserschiwand. Ich halte mich an den zwei Seilen und wandere langsam auf der senkrechten Platte herum. Ja, ich spüre die Beanspruchung von Armen und Schultern. Nur was mit „spielerisch" gemeint ist, kann ich nicht ganz nachvollziehen. Danach hänge ich mich an den Bügel des Kitesurfing-Simulators, nehme Anlauf, ziehe die Beine an, fliege im Kreis. Das soll meine Gewandtheit trainieren. Es macht unheimlich viel Spaß, nur das Bremsen ist eine staubige Angelegenheit.

Im Anschluss möchte ich ein einfacheres Gerät testen und entscheide mich für „Bewegtes Sitzen". Die Aufgabe besteht darin, auf einem schwankenden Sitzzylinder eine ruhige Sitzposition einzunehmen und die Schwingungen auszugleichen. Während ich versuche, mich auf dem wackeligen Ding festzuhalten, beschließe ich, die Übungsvariationen „Fixieren der Arme an den Hüften und Hocken oder Stehen" auf meinen nächsten Besuch im Motorikpark zu verschieben.

Radfahren und Sightjogging

Ist der Weg das Ziel, schenken Radler den Kleinoden am Wegesrand mehr Beachtung. Die goldenen Zwiebeltürmchen der russisch-orthodoxen Kathedrale zum heiligen Nikolaus glänzen in der versteckten Jauresgasse im dritten Bezirk. Der Eingang ist an diesem Tag leider verschlossen. „Schade, die Kirche ist innen wirklich schön", sagt Ulrich Hahnkamper, der selbst eingefleischte Wiener noch mit weniger bekannten Sehenswürdigkeiten überrascht. Sein Reisebüro **Vienna à la carte** bietet verschiedene geführte Touren an, doch heute radelt er mit mir in die grünen Oasen Wiens und zeigt mir seine Lieblingsstrecke. „Wir fahren vom Prater bis zur Donauinsel, an die Alte Donau, in den Donaupark und in die Donau City. Für die Strecke werden wir inklusive Rückweg in die Innenstadt etwa drei Stunden brauchen."

Mehr als 1200 Kilometer lang ist das Wiener Radwegenetz, das laufend ausgebaut wird, mittlerweile. Abstellplätze für Fahrräder sind ausreichend vorhanden, Radkarten kostenlos erhältlich und günstige Leihräder wie das **Citybike** an 120 Stationen verfügbar. Mit keinem anderen Verkehrsmittel ist man in der Stadt derart flexibel und quert Gassen und Plätze, die Autofahrern verwehrt bleiben. Und die Wadln, die werden auch strammer.

Wir radeln bis zur Prater Hauptallee, von dort geht es Richtung Donauinsel. Die Strecke wächst mir schnell ans Herz, schließlich enthält sie keine nennenswerten Steigungen. Auf einer Brücke steigen wir ab und beobachten Wasserschiliftfahrer, die nach jedem Sturz mit beeindruckender Sturheit zurück auf ihr Wakeboard klettern. Gemütlicher wird es an der Alten Donau. Fischer sitzen gemächlich in ihren Booten und warten geduldig auf den nächsten Fang.

Die Alte Donau grenzt an den 800.000 Quadratmeter großen Donaupark, wo die gelb leuchtende Parkbahn ihre Runden dreht. Die schmalspurige Eisenbahn ist ein Überbleibsel der Wiener Internationalen Gartenschau von 1964. Daneben ragen die Hochhäuser der Donau City in den Himmel. Der neue und multifunktionale Stadtteil liegt unmittelbar neben der Reichsbrücke, die uns zurück in die Innere Stadt führt.

Für die besonders sportlichen Kunden hat Vienna à la carte auch eine sogenannte **Sightjogging Tour** im Angebot. Ein Guide läuft mit ihnen die Innenstadt ab und erzählt bei den einzelnen Stationen Wissenswertes über die Sehenswürdigkeiten. „Inklusive Oberes Belvedere schaffen wir das in zwei Stunden", erzählt Hahnkamper. Einmal habe er die Tour mit neun verkaterten Franzosen gemacht. „Sieben haben durchgehalten, zwei der Männer sind ungefähr bei der Hälfte der Strecke in die Straßenbahn gestiegen und zum Endpunkt vorgefahren." Auch das sei kein Problem. „Schließlich geben die Kunden das Tempo vor." Nach einer kurzen Pause fügt er mit einem Augenzwinkern hinzu: „Aber nur bis zum Limit des Guides."

Spaziergänge mit mobilem Kaffeehaus

Hinter Werbetafeln versteckt sich eine wunderschöne Streuobstwiese, daneben wuchert ein üppiger Gemeinschaftsgarten. In unscheinbaren Hinterhöfen finden wir unvermutete Grünoasen, graue Straßenzüge entpuppen sich als Schauplatz spannender Geschichten. Das Donaufeld ist der südlichste Bezirksteil von Floridsdorf und grenzt an die Brigittenau und die Donaustadt. Normalerweise verschlägt es uns nicht hierher, doch genau darum geht es beim **Geh-Café**: Die geführten Spaziergänge locken die Teilnehmer jedes Mal in eine andere Ecke Wiens und versprechen neue Blickwinkel auf den jeweiligen Stadtteil.

Petra Jens, **Beauftragte für FußgängerInnen** der Stadt Wien, hat das Geh-Café-Konzept entwickelt und ist bei den monatlichen Rundgängen stets dabei. „Die Leute sollen miteinander und auch mit der Umgebung in Kontakt treten. Wir gestalten die Spaziergänge zusammen mit Stadtinitiativen und Bezirksvertretungen", erklärt sie. Anrainer werden in die Veranstaltungen eingebunden, Themen und Stadtviertel sind abwechslungsreich und vielfältig. Mal erwandern die Teilnehmer Macondo in Simmering, die älteste Flüchtlingssiedlung Wiens, ein anderes Mal erkunden sie das neue Sonnwendviertel in Favoriten.

Was hingegen immer gleich bleibt, ist das **Pop-Up-Café** zum Ausklang. „Nach den Spaziergängen sitzen die Teilnehmer im Freien bei Kaffee und kleinen Biosnacks zusammen für weiterführende Gespräche und Vernetzung", erzählt Petra Jens. Dadurch haben sich bereits einige Geh-Café-Bekanntschaften ergeben. Sportlichkeit ist für die Teilnahme übrigens nicht erforderlich. Neugierde und die Bereitschaft, Menschen kennenzulernen, reichen völlig aus.

365 Tage Schifahren

30 Grad im Schatten - und trotzdem Schi fahren oder snowboarden? In Wien ist das seit Kurzem kein Problem. Im Dezember 2015 eröffnete die **Schneeerlebniswelt Wien** in der Seestadt Aspern, zwei Monate später nahm sie ihren Vollbetrieb auf und ermöglicht seitdem auf einer Fläche von mindestens 4000 Quadratmetern Wintersport an 365 Tagen im Jahr. Die weiß gezuckerte Spielwiese bietet Snowboardparcours, Schilifte und eine Langlaufloipe. Die mit Kunststoffnoppen beschichtete Piste soll an Schnee erinnern. Ein Profischifahrer ist in der Schneeerlebniswelt sicherlich unterfordert, aber für Kinder oder Anfänger ist es der perfekte Platz, um günstig das Schifahren zu erlernen oder zu üben. In den Ferien bietet die Schischule Wien regelmäßig Schikurse in Aspern an.

Der mit der Stange tanzt

Roman Bruckner reibt sich die Hände mit flüssigem Magnesium ein, bevor er hochklettert und die Beine kopfüber um die Poledance-Stange wickelt. Danach sitzt er an der Stange, ohne sie mit den Händen zu berühren. „Das ist eine Einsteigerübung", sagt er. Bei dieser Form der Akrobatik rinnt eindeutig der Schweiß, aber nicht der von Zuschauern in anrüchigen Clubs, sondern der des Tanzenden. Denn Hautkontakt gibt es beim sportlichen Poledance ausschließlich mit der Stange.

„Poledance hat nichts mit Striptease zu tun, es ist eine Mischung aus Tanz und Sport", erklärt der 28-Jährige. Dass im knappen Outfit trainiert wird, habe mit der einfachen Tatsache zu tun, dass nackte Haut im Gegensatz zu Kleidung an der Stange haftet.

Bruckner hat eine Frauendomäne für sich erobert, er ist der einzige männliche Poledance-Trainer in Wien und unterrichtet in den beiden **Polearts**-Studios in Hernals und in der Leopoldstadt. Es sind allerdings hauptsächlich Frauen, die lernen wollen, sich an der Stange zu drehen, an ihr zu tanzen oder sie elegant hochzuklettern. Dabei hätten Männer vielleicht sogar die besseren körperlichen Voraussetzungen, da für Poledance sehr viel Kraft erforderlich ist.

Bruckner hält sich nur mit den Armen an der Stange fest und bringt seinen Körper in die Waagrechte, das rechte Beine streckt er senkrecht Richtung Decke. Danach ist selbst der junge Sportler ein bisschen außer Atem. „Dafür musste ich ein halbes Jahr üben. Das Training ist anstrengend, es geht in die Oberarme, in die Beine, auf den Bauch, den Rücken und in die Oberschenkel."

Ein Grundkurs dauert sechs Wochen, danach steigt man in das jeweils nächsthöhere Level auf. Prinzipiell könne jeder Poledance machen, Idealfigur sei nicht nötig, auch das Alter sei egal. „Meine älteste Schülerin war Ende 50

und die war ziemlich gut." Poledance fördert die Ausdauer, formt die Figur, kräftigt die Muskeln und stärkt das Selbstbewusstsein.

„Es gibt auch Kurse, bei denen eine besonders erotische Tanzweise einstudiert wird", sagt der Trainer. „Dabei wird in High Heels getanzt. Manche Frauen führen ihre Choreografien natürlich dem Partner zu Hause vor." Roman Bruckner und seine Kolleginnen werden zudem immer wieder für Veranstaltungen gebucht. „Zum Beispiel für Junggesellinnen-Partys."

Kulinarisches

Die **Floridsdorfer Stuben** im 21. Bezirk ist eigentlich ein ganz durchschnittliches Wiener Wirtshaus. Die Einrichtung ist rustikal, auf der Speisekarte steht Hausmannskost, die Preise sind moderat. Was das Lokal besonders macht, ist der **Stammtisch der Fußballlegenden**. Jeden ersten Samstag im Monat treffen sich hier zwischen 40 und 80 ehemalige österreichische Profifußballer. Hier trinkt der Ex-Rapidler mit dem ehemaligen Austria-Tormann, der Simmeringer mit dem Kapfenberger. Der älteste Stammgast ist Mitte 90, die jüngsten sind um die 60.

Die flotten Fußballrentner erzählen von legendären Spielen, einem Sieg gegen Real Madrid und Rauchpausen während des Trainings. Einige der Stammtischmitglieder waren in der Vergangenheit Stars, manche spielten im Nationalteam. Im sogenannten **Legendenstüberl** findet sich von den meisten ein Foto auf dem „Legendenbaum". Einige der Herrschaften auf den Bildern sind selbst Fußballamateuren bekannt – etwa Herbert Prohaska oder Hans Krankl.

Lokale für Radler

Das **Velobis** in Penzing kombiniert Fahrradgeschäft und Werkstatt mit dem Verkauf von Craft Beer, Wein, Kaffee, Snacks und Speisen à la carte. Das Lokal wurde Ende 2015 eröffnet und befindet sich in den Räumlichkeiten des ehemaligen Gloriette-Kinos. Der Besitzer des Radlagers (Bikes+Vienna) und nunmehrige Velobis-Gründer hat aus dem alten Lichtspieltheater (1914-2013) ein modernes Lokal mit industriellem Look gemacht. Der begeisterte Radfahrer und gebürtige Nigerianer setzt auf österreichisch-afrikanische Küche und ein abwechslungsreiches Eventprogramm mit Lesungen, Konzerten, Ausstellungen und Kabarett.

Das zentral gelegene **Radlager** in Wieden ist ein Fahrradgeschäft mit Barbetrieb und bietet unter anderem tolle Vintage-Räder, italienischen Espresso und Pastrami-Sandwiches. Motto: „Fast bikes, good coffee." Das alternative **Statt-Beisl** im **WUK** (Werkstätten- und Kulturhaus, neunter Bezirk) bietet wiederum günstige Mittagsmenüs und im Sommer Hofbetrieb. In der WUK-Fahrradwerkstatt ist es möglich, für eine geringe Gebühr unter fachmännischer Anleitung sein Fahrrad selbst zu reparieren.

INFO!

Motorikpark Wien: Süßenbrunner Straße 101, 1220 Wien. Eintritt frei.
Kinder dürfen die Anlage nur unter Aufsicht von Erwachsenen benutzen.
www.motorikpark-wien.at

Vienna à la carte: Erdbergstraße 10, 1030 Wien. www.vienna-alacarte.com

Geh-Café: Geführte Grätzlspaziergänge bei jedem Wetter zwischen März und Oktober. Keine Voranmeldung nötig, Teilnahme gratis.
Genaue Termine und Treffpunkte: www.wienzufuss.at/alle-sinne/geh-cafe

Schneeerlebniswelt Wien: Seestadt Aspern, Ostbahnbegleitstraße 50, 1220 Wien (U2 Aspern Nord). Direkt bei der Schneeerlebniswelt kein Parken möglich. schneeerlebniswelt.at

Polearts: Pazmanitengasse 14, 1020 Wien, oder Hernalser Gürtel 37, 1170 Wien.
www.polearts.at

Floridsdorfer Stuben: Prager Straße 16, 1210 Wien.
www.floridsdorfer-stuben.at

Velobis: Johnstraße 1-3/Linzer Straße 2, 1140 Wien. www.velobis.com

Radlager Colosseo: Operngasse 28, 1040 Wien. www.radlager.at

Statt-Beisl & Fahrrad.Selbsthilfe.Werkstatt im WUK: Währinger Straße 59, 1090 Wien. Öffnungszeiten der Werkstatt beachten!
www.statt-beisl.at, www.fahrrad.wuk.at

FLOWER POWER

Wien für BLUMENFREUNDE

Naturfreunde gehen in der Donaustadt auf botanische Weltreise, lernen Sensenmähen im Botanischen Garten oder am Cobenzl und bereiten aus Blüten ungewöhnliche Nahrungsmittel zu.

Im Schatten der mit Palmwedeln gedeckten Pergola träumen wir von unserem letzten Urlaub. Sonnenhungrige bunte Pflanzen schmücken den griechischen Garten. Fensterrahmen, Tische und Stühle sind in diesem typischen Blau gestrichen. Sie wissen schon: dieses *„Und-irgendwann-bleib-i -dann-dort"*-Blau.

Das Areal des **Schulgartens Kagran** in der Donaustadt dient Berufsschülern für Gartenbau und Floristik als Übungsgelände, hier gestalten sie auf sechs Hektar liebevoll Themengärten, die einen Einblick in die Flora unterschiedlicher Länder und Regionen geben sollen. Etwa 4000 Pflanzenarten wachsen auf der Anlage, passende Kunst- und Bauwerke geben ihr den letzten Schliff. Ständig wird erneuert und ergänzt. Kreativität trifft grünen Daumen.

Nur wenige Schritte entfernt von unserer mediterranen Insel spiegeln sich Trauerweiden in einem Teich, über den eine Brücke führt. Gegenüber wacht eine Vogelscheuche, die in ihrem früheren Leben ein Borstenbesen war, über einen rustikalen pannonischen Bauerngarten. Auf einer großen Grünfläche lümmeln Erholungssuchende in Liegestühlen unter Bäumen. Kurz lümmeln wir mit, bevor wir weiter auf Entdeckungstour gehen. Ein Wegweiser verspricht uns noch viele Themengärten und zeigt nach England, Frankreich, Amerika, Japan oder Deutschland.

Ein Teil des Geländes ist zwei großen Dichterfürsten gewidmet:

Efeu und ein zärtlich Gemüt
Heftet sich an und grünt und blüht.
Kann es weder Stamm noch Mauer finden,
Es muß verdorren, muß verschwinden.

Das hat Johann Wolfgang von Goethe einst geschrieben, eine Bildungslücke schließt sich: Im „Ginko Goethe Garten" werden „floristische" Gedichte der deutschen Edelfeder präsentiert, im „Shakespeare Garden Vienna" wachsen ausschließlich Pflanzen, die in den Werken des Engländers vorkommen.

Wir entdecken eine riesige Pflanzenskulptur, die passenderweise eine Schuleule darstellt, betrachten im fernöstlichen Bereich Pflanzen wie Bonsais und Bambus und sichten ein schmuckes Salettl, das mit einem Wetterhahn geschmückt ist. Es entpuppt sich als Originalpavillon der Wiener Weltausstellung 1873. Spätestens jetzt wird es Zeit für ein Selfie.

Das grüne Herz von Wien

Auf der mexikanischen Finca streichen junge Mütter zwischen Kakteen Butterbrote für ihren Nachwuchs, im indischen Garten steht der hinduistische Gott mit Elefantengesicht, Ganesha, Modell für eine emsige Kunststudentin. Das satte Violett und der Geruch von Lavendel beruhigen im Garten der Provence die Seele. Wir schlendern. Beobachten. Hängen ab. Schnaufen durch.

Hier, mitten in der Donaustadt, schlägt das grüne Herz von Wien. Während im Schulgarten Kagran zukünftige Gartenkünstler ausgebildet werden, zieht das Stadtgartenamt nicht weit davon entfernt in den riesigen Gewächshäusern der **Blumengärten Hirschstetten** die Pflanzen für die unzähligen Parks und öffentlichen Plätze der Stadt. Das restliche Gelände wird von den Gärtnern quasi als Leistungsshow genützt. Auf einer Fläche von sechs Hektar kreier(t)en sie bezaubernde Themengärten, die die Besucher rund um den Globus führen.

Wir suchen den Ausgang im Liguster-Irrgarten, beobachten auf dem Insektenspielplatz lachende Kinder, die auf einem überdimensionalen Spinnennetz klettern oder von einer riesigen Heuschrecke rutschen, entdecken im Reich

der Mitte die Symbole von Ausgleich und Harmonie. Der chinesische Garten, wo typische TCM-Heilkräuter, Bambus und Lotus wachsen, ist nach den Prinzipien von Yin und Yang angelegt. Im historischen Weinviertler Bauernhof leben Hühner neben Ziegen und der kleine Zoo, der zur Anlage gehört, beherbergt mehr als 50 verschiedene Tierarten, darunter Wildkatzen und Schildkröten.

Ein verschlungener Weg führt uns an die Feuerstelle eines archaischen Urzeitgartens. Wir gehen mitten durch den Dunst einer Nebelanlage, die für die richtigen klimatischen Bedingungen sorgt. Manche Pflanzenarten, die hier gedeihen, existierten schon vor den Dinosauriern. Eine Schauanlage für kleine Gärten zeigt uns, wie wir eine Dachterrasse begrünen oder einen Nutzgarten für Selbstversorger anlegen könnten. Genauso wenig wie die meisten anderen Städter kennen wir die seltenen Apfel- und Birnensorten, die im Obstgarten präsentiert werden. Und im kleinen Palmenhaus im Eingangsbereich schwitzen wir in drei verschiedenen Klimazonen, während wir einen Wasserfall, exotische Tiere und Pflanzen betrachten.

Sensen in der Großstadt

Georg Gasteiger mag den Duft von frisch geschnittenem Gras und die meditative Ruhe, wenn er im Botanischen Garten oder Am Himmel mit der immer gleichen fließenden Bewegung seine Sense schwingt. Der Tiroler und sein Kollege Klaus Kirchner sind zertifizierte Sensenlehrer des **Sensenvereins Österreich** und unterrichten die alte Kulturtechnik seit 2012 in Wien. Sensen ist die ideale Freizeitbeschäftigung für Blumenfreunde. „Am besten mäht man eine Wiese, wenn die Blumen schon abgeblüht sind. Die Samen verstreuen sich und man bekommt eine vielfältige und bunte Naturwiese."

Bisher haben mehr als hundert Interessierte die Mähkurse der beiden Schnitter in Wien besucht. Gasteiger hatte am Anfang so seine Zweifel, ob das archaische landwirtschaftliche Gerät von den Städtern angenommen würde. „Heute weiß ich, dass die Sense in der Stadt mehr Sinn macht als auf den bäuerlichen Feldern, wo sie eigentlich ausgedient hat."

Kein Wunder, mit der Sense zu mähen passt perfekt zum urbanen Garteln, das seit einigen Jahren voll im Trend liegt. Mit dem lautlosen Gerät bleiben Nachbarn ungestört, es ist umweltfreundlich und ideal, um kleine, verwinkelte Flächen zu pflegen. Zudem sind die leichten und runden Mähbewegungen - wenn man sie richtig ausführt - sehr gesund und überraschend effizient.

„Viele Leute, die zu uns kommen, verbinden mit dem Sensen Kindheitserinnerungen. Sie haben noch die Geräusche des Wetzens und des Mähens im Kopf oder denken dabei an ihre Eltern oder Großeltern, die so noch ihre Feldarbeit verrichteten." Den vierstündigen Kurs bieten Gasteiger und Kirchner mindestens einmal pro Monat in einigen der schönsten Ecken Wiens an, eben im Botanischen Garten neben dem Schloss Belvedere oder Am Himmel auf dem Cobenzl.

„Es ist eine sehr entspannende Tätigkeit. Nach ungefähr einer Viertelstunde kommt man in einen Flow, kann völlig abschalten", sagt Gasteiger. Geschnitten habe sich während der Kurse übrigens noch nie jemand. „Abgesehen von mir. Das kommt aber davon, dass ich mich schon zu sicher fühle. Anfänger haben da noch mehr Respekt."

Blüten als Konfekt

In einem kleinen Laden in Mariahilf blüht es das ganze Jahr. Der leidenschaftliche Aromasammler Michael Diewald und seine Mitarbeiter verarbeiten in der Confiserie **Blühendes Konfekt** Blüten, Kräuter und Früchte zu variantenreichen Köstlichkeiten. Veilchen, Rosen, Holunder, Flieder oder Dirndl werden zu Fruchtmousse verarbeitet, in Zotter-Schokolade getaucht und anschließend mit getrockneten und konservierten Blüten verziert. Die Naschereien sind so hübsch, dass sich beim Verzehr das schlechte Gewissen meldet. Aber nur kurz. Sie schmecken nämlich auch fantastisch. Irgendwie frisch. Irgendwie nach Natur, irgendwie nach Sommer. Kein Wunder. „Denn das Hauptaroma", so Diewald, „kommt von Früchten und Blüten." (Foto Seite 44.)

Blumen und Kräuter sammeln und verkochen

Gertrude Henzl sammelt Wildkräuter und Blumen und bereitet daraus ungewöhnliche Nahrungsmittel zu, die sie in ihrem Shop **henzls ernte** in Wien-Margareten verkauft. Ihr Wissen gibt sie in den Frühlingsmonaten bei geführten Kräuterwanderungen weiter. „Wir brechen in der Früh auf und gehen gemeinsam drei bis vier Stunden sammeln. Anschließend fahren wir ins Geschäft und kochen aus unserer Beute ein mehrgängiges Menü", erzählt sie. Sie bringt den Teilnehmern bei, was aus Löwenzahn, Gänseblümchen, Brennnesseln und Co. zubereitet werden kann. Ein paar Beispiele, was bei Frau Henzl unter anderem auf der Speisekarte steht: Brennnesselblütenpesto. Holunderblüten-Rote-Rüben-Konfekt oder Spitzwegerichsushi im Sesammantel auf Breitwegerichblatt. In Zukunft will sie sich auch verstärkt der Verarbeitung von Sträuchern, Moosen und Flechten widmen: „Darüber gibt es noch kaum Literatur."

Kulinarisches

„Früher Hochfinanz, heute Hochgenuss", das ist doch mal ein Slogan. Das Restaurant **Hansen** im Souterrain der Alten Börse direkt an der Ringstraße grenzt direkt an die Filiale des Blumen-, Pflanzen- und Deko-Shops Lederleitner. Die Gäste speisen inmitten von Blüten, Grünpflanzen und Gartenaccessoires. Laut der Stadtzeitung *Falter* ist das Hansen aktuell das „wahrscheinlich beste Mittagslokal der Stadt".

Das Café **Palmenhaus** im Burggarten lässt auch im Winter mit seiner üppigen Pflanzenvielfalt Frühlingsgefühle aufkommen. Während der Monarchie war es als Gewächshaus errichtet worden und schon der Kaiser nutzte das angenehme Ambiente zur Entspannung. Im Sommer bietet der Gastgarten einen grandiosen Blick über das bunte Treiben auf der Wiese des angrenzenden Burggartens. Auch architektonisch ist das Gebäude mit seinen Jugendstilornamenten und den 15 Meter hohen Wänden ein Augenschmaus. Hier können die bis zu zehn Meter hohen Palmen ihre ganze Pracht entfalten.

INFO!

Schulgarten Kagran: Donizettiweg 29, 1220 Wien. Eintritt in den Schulgarten sowie ins angeschlossene **Gartenbaumuseum** kostenlos. Geöffnet April bis Oktober jeden ersten Donnerstag im Monat 10:00–18:00 Uhr sowie Juli/August zusätzlich Montag bis Mittwoch 10:00–18:00 Uhr.

Blumengärten Hirschstetten: Quadenstraße 15, 1220 Wien.
Geöffnet April bis Oktober. Freier Eintritt.
www.wien.gv.at/umwelt/parks/blumengaerten-hirschstetten

Die Schnitter von Wien: Sensenkurse wetterabhängig etwa von April bis Oktober.
www.schnitter.info

Blühendes Konfekt: Schmalzhofgasse 19, 1060 Wien. Geöffnet Mittwoch bis Freitag, jeweils 10:00–18:30 Uhr. www.bluehendes-konfekt.com

henzls ernte: Erzeugung von Nahrungs- und Genussmitteln.
Kettenbrückengasse 3/2, 1050 Wien. www.henzls.at

Hansen. Das Restaurant im Börsegebäude: Wipplingerstraße 34, 1010 Wien.
www.hansen.co.at/de/home

Palmenhaus – Café Brasserie Bar: Burggarten (Eingang Albertina), 1010 Wien.
www.palmenhaus.at

GANZ GROSSES KINO

Wien für CINEASTEN

Als Cineast darf sich in Wien erst bezeichnen, wer nicht nur das mobilste Freiluftkino, sondern auch das höchste, das schönste, das romantischste, das hundefreundlichste, das nostalgischste und das kinderfreundlichste Lichtspielhaus der Stadt besucht hat.

Um den wohl schönsten Kinosaal Wiens zu bewundern, müssen wir zunächst nicht einmal eine Kinokarte kaufen. Auch vom Foyer aus kann der denkmalgeschützte Raum mit seinen Logen, Holzvertäfelungen, der Stuckdecke und dem roten Plüsch durch eine Glaswand bestaunt werden (Fotos rechts unten und nächste Seite). Während der Vorstellung wird das Fenster allerdings mit einem Vorhang geschlossen. Das historische Metro-Kino war einst ein Theater, seit Oktober 2014 ist es der Kern des **Metro Kinokulturhauses**. Das **Filmarchiv Austria** hat das Metro-Kino 2002 übernommen und es in zweijähriger Umbauzeit um zwei Stockwerke erweitern lassen. Damit wurde Platz für Ausstellungs- und Veranstaltungsflächen sowie einen zweiten Kinosaal geschaffen, der nach dem legendären Filmproduzenten Eric Pleskow benannt ist und für Privatvorführungen gemietet werden kann. Zudem dient das Kino natürlich als Veranstaltungsort für verschiedene Festivals, das bekannteste ist die Viennale.

Das Filmarchiv hat nun Räumlichkeiten zur Verfügung, um seine Sammlung der Öffentlichkeit zu präsentieren - und die ist ziemlich umfangreich. Mit Stand 2016 wurden in einem Zeitraum von über hundert Jahren 200.000 Filme, 2,000.000 Fotos und Stills, 48.000 Filmprogramme, über 15.500 Plakate sowie über 17.000 Bücher und Zeitschriften gesammelt, Tendenz stetig steigend. Ein Teil dieser Exponate wird in wechselnden Ausstellungen im Metro Kinokulturhaus gezeigt, um die Themen Film und Kino sichtbar zu machen.

Verwahrt wird das Kulturgut an verschiedenen Standorten: Im **Filmdepot Laxenburg** werden Filme und kinotechnische Apparate gelagert, es ist die größte Sammlung Europas. Besichtigungen sind in der Langen Nacht der Museen und bei Voranmeldung möglich. Im **Audiovisuellen Zentrum Augarten** in der Leopoldstadt sind hauptsächlich Bücher, Fotos und Plakate untergebracht. Dort besteht auch die Möglichkeit, das Material vor Ort für Recherchezwecke zu sichten.

Das Filmarchiv Austria arbeitet zudem an dem Projekt **Niederösterreich privat!** Es geht darum, analoge Privatfilme von anno dazumal zu digitalisieren und damit für die Nachwelt zu erhalten. In Kooperation mit dem Land Niederösterreich wurde ein Aufruf an die Bewohner des größten Bundeslandes gestartet, mit einem überwältigenden Ergebnis: Über 70.000 Filme wurden von der Bevölkerung bis Ende 2013 zu den Abgabestellen gebracht. Die Themenpalette der Amateurfilme reicht von der NS-Zeit und Kriegsheimkehrern über Tourismus bis hin zu Arbeitsalltag oder Dorfleben. In mühsamer Arbeit wird das historisch wertvolle Material gesichtet und digitalisiert. Die Aktion soll auf andere Bundesländer ausgeweitet werden, auch auf Wien. Als Zweites kommt allerdings Oberösterreich an die Reihe.

Open-Air-Kino im romantischen Märchengarten

Der Augarten ist auch Spielstätte des vom Filmarchiv betriebenen Open-Air-Kinos **Kino wie noch nie**, wo im Juli und August österreichische und internationale Filme gezeigt werden, manchmal auch Stummfilme mit zeitgenössischer Live-Musikbegleitung. Neben der wildromantischen Lage im verwunschenen Augartenspitz (Foto rechts oben) wartet das Freiluftkino mit einer „Gartenküche" auf. Denn zum Filmarchiv gehört ein Gemeinschaftsgarten, der von Menschen aus der Umgebung betreut wird. Das angeschlossene Restaurant **Grünstern** bietet regionale, saisonale und biologische Speisen an, die Zutaten werden zum Teil direkt in diesem Garten geerntet.

Das Kino mit dem besten Publikum der Welt

Das Kinosterben in den Neunzigerjahren war Geburtshelfer für ein Open-Air-Wanderkino, das bis heute das erfolgreichste seiner Art in Österreich ist. Der Grundgedanke bei der Gründung des **VOLXkino** (Fotos nächste Seite) vor mehr als einem Vierteljahrhundert: Wenn die Menschen nicht mehr ins Kino kommen, kommt das Kino eben zu den Menschen.

„Mittlerweile reist unser Publikum nach, die Menschen erkunden auf den Spuren des VOLXkino die Stadt", erzählt Projektleiter Andreas Kous. Und das offenbar bei jedem Wetter: „Auch wenn es nur 13 Grad hat oder wenn es regnet, sitzen da meist trotzdem erstaunlicherweise um die 150 Leute in dicken Jacken oder mit Regenschirmen, eingewickelt in ihre Decken. Wir haben das beste Publikum der Welt!"

Das VOLXkino ist das einzige mobile Freiluftkino Österreichs und bespielt pro Jahr in der Zeit von Ende Mai bis Mitte September zwischen 14 und 18 Bezirke mit bis zu 25 Standorten bei freiem Eintritt. Gespielt wird ab Einbruch der Dunkelheit auf öffentlich zugänglichen Plätzen wie Parks, Märkten oder am Gürtel. An manchen Hotspots und bei gutem Wetter kommen über 600 Besucher. Auf Mainstream wird verzichtet, stattdessen gibt es drei Schwerpunkte: Arthouse, Österreich und europäischer Film.

Großen Wert legt das VOLXkino vor allem auf einen hohen Prozentsatz heimischer Filme. Es leistet damit einen wertvollen Beitrag zur Förderung des

österreichischen Films. „In den letzten zwei Jahren haben österreichische Produktionen fast 40 Prozent unseres Programms ausgemacht", betont Kous. Dem Publikum dürfe durchaus schwere Kost zugemutet werden, so der Projektleiter. „Wir bringen ebenso anspruchsvolle Dokumentationen und Filme." Die Besucher nehmen das Angebot gerne an: „Dokumentarfilme wie *Bock for President* oder *Artikel 7* waren zum Beispiel außergewöhnlich gut besucht. Das könnte daran liegen, dass diese Produktionen oft nur wenige Wochen in den Kinos zu sehen sind. Durch uns bekommen sie eine größere Plattform."

Das Wanderkino arbeitet mit diversen Kooperationspartnern wie Gebietsbetreuungen oder Kulturvereinen zusammen. „Wir gehen mit unserem Programm thematisch auf Standorte und Partner ein", sagt Kous. „Am Brunnenmarkt spielt aufgrund der Durchmischung der lokalen Bevölkerung das Thema Migration eine wichtige Rolle, in der Tempelgasse werden Filme zu den Themen Flucht, Holocaust und Zweiter Weltkrieg thematisiert und programmiert."

Das **Kino am Dach** auf der Hauptbücherei am Gürtel ist mit seiner fulminanten Aussicht wohl das Highlight des Open-Air-Kinos. Drei Monate lang spielt das VOLXkino Festival- und Publikumserfolge, Klassiker und Kultfilme, zum Teil in der Originalfassung. Das **STUMM & LAUT-Festival** am Columbusplatz in Favoriten ist eine weitere Besonderheit des Wanderkinos, wo an einigen Tagen im September selten gezeigte historische Filme von elektronischer Livemusik untermalt werden.

Kinos für Hundebesitzer, junge Eltern und Nostalgiker

Im **Admiral Kino** (Foto Seite 58) in Neubau ist jeden ersten Donnerstag im Monat **Doggy Day**. Hundebesitzer dürfen an diesem Tag ihre Vierbeiner mit ins Kino nehmen. Das altehrwürdige Lichtspielhaus ist wohl das einzige Kino in Österreich, das Hundehaltern diese Möglichkeit bietet. Filmenthusiastin Michaela Englert übernahm 2007 das über hundert Jahre alte Grätzlkino in der Burggasse und bewahrte es vor der Schließung. Der eine oder andere in ihrem Freundeskreis klagte, dass Weggehen mit dem Hund ein Problem sei. „Am Anfang war der Hundeabend als PR-Gag gedacht. Er hat auch funktioniert, das Medienecho war damals enorm", erinnert sich Englert. Sieben Jahre später ist er eine bei vielen Stammgästen beliebte Einrichtung. Für die Hunde werden Wasser, Decken und Leckerlis bereitgestellt. Einschränkungen bezüglich Größe oder Rasse der Hunde gibt es keine, aber es herrscht Beißkorb- und Leinenpflicht.

Im **Votivkino** am Alsergrund gibt es von Oktober bis Juni jeden Sonntag ein Filmfrühstück und jeden zweiten Dienstagvormittag spezielle Vorstellungen für Besucher mit Babys bis zu zwölf Monaten. Gedämpftes Licht, leiser

Ton sowie Wickeltisch und Flaschenwärmer im Foyer ermöglichen jungen Eltern einen Kinobesuch. Sind die Kinder schon etwas älter, bietet sich das **Cinemama** im **Filmcasino** an. Einmal im Monat wird in dem Margaretener Kino am Vormittag während der Filmvorführung für Mütter und Väter kostenlose Kinderbetreuung angeboten. In den **Breitenseer Lichtspielen** (siehe auch Seite 27 f.) in Penzing wiederum wird an bestimmten Terminen bei gedämpftem Licht während der Filmvorführung gehäkelt und gestrickt.

Und von welchem Kino kann behauptet werden, dass es so besonders und skurril ist, dass darüber sogar ein Film gedreht wurde? Vom **Bellaria Kino**, das in einer unscheinbaren Ecke in Neubau hinter dem Volkstheater liegt. *Bellaria – So lange wir leben!* heißt der Streifen, der 2001 gedreht wurde und mehrere Auszeichnungen erhalten hat. Das ehemalige Ladenkino lebt, so wie im Film gezeigt, hauptsächlich von einer kleinen und treuen Stammgastgemeinschaft im Pensionsalter und hat sich auf die Wiederholung von Filmen der Vor- und Nachkriegszeit spezialisiert. Hier sind Paul Hörbiger und Zarah Leander angesagter als Jennifer Lawrence und Leonardo DiCaprio. Mittlerweile werden bei den Abendvorstellungen auch aktuelle Filme gezeigt, trotzdem ist der Besuch im Bellaria noch immer eine Zeitreise mit Charme.

Paradies für Filmfans

Ein Cineast kann hier wohl Stunden verbringen, ohne Langeweile zu verspüren. Die **Satyr-Filmwelt** in der Nähe des Schwedenplatzes ist die wahrscheinlich bestsortierte Fachbuchhandlung zum Thema Film im deutschsprachigen

Raum, wenn nicht sogar in Europa. Neben Literatur werden im zweigeschossigen Geschäft überdimensionale Filmplakate verschiedenster Genres angeboten, dazu Drehbücher, Filmzeitschriften, (auch nicht mehr erhältliche) DVDs und VHS-Kassetten, Filmmusik und sogar Filmklappen.

„Und falls etwas nicht vorhanden ist, können wir so ziemlich alles besorgen, was ein Kunde haben will", verspricht ein Satyr-Mitarbeiter selbstbewusst. Das Team besteht quasi aus Fachleuten für Ausgefallenes, es berät gerne und ausführlich. Es reicht, ein paar Szenen aus einem Film nachzuerzählen, dessen Titel wir vergessen haben. Die Wahrscheinlichkeit, dass ein Satyr-Verkäufer auch einen raren Streifen mithilfe einer knappen Inhaltsangabe identifizieren kann, ist relativ hoch.

Kulinarisches

Das **Kulinarische Kino** im **Metro Kinokulturhaus** ist unser Restaurant-Tipp für Freunde der laufenden Bilder. Hinter der Rückwand des gläsernen Kinosaals befindet sich ein einzigartiger Gastraum (Foto Seite 53 unten), der für hungrige Cineasten auch den Blick auf die Leinwand ermöglicht. Die **Grünstern-Gartenküche** (siehe auch Seite 54) versorgt die Gäste dort ab April 2016 ganzjährig mit delikatem und gesundem Bioessen.

INFO!

Metro Kinokulturhaus: Johannesgasse 4, 1010 Wien.

Filmarchiv Austria: Obere Augartenstraße 1 e, 1020 Wien. www.filmarchiv.at

Niederösterreich privat! www.noe-privat.at

VOLXkino: Freier Eintritt. Spielorte und Zeiten laut Homepage. www.volxkino.at

Kino am Dach: Eintritt derzeit 8 Euro, ermäßigt 6 Euro.
www.volxkino.at/kino-am-dach

Kino im eigenen Garten: Vermietung von aufblasbarer Leinwand samt dazugehöriger Technik. www.stbalbach.at/gartenkino

Admiral Kino: Burggasse 119, 1070 Wien. www.admiralkino.at

Bellaria Kino: Museumstraße 3, 1070 Wien

Votivkino: Währinger Straße 12, 1090 Wien. www.votivkino.at

Filmcasino: Margaretenstraße 78, 1050 Wien. www.filmcasino.at

Satyr-Filmwelt Buch- und Medienhandel: Eingang Marc-Aurel-Straße 5, 1010 Wien. www.satyr-filmwelt.at

Grünstern-Stadtgartenküche: www.gruenstern.at

SCHNECKEN & CO

Wien für FEINSCHMECKER

Freunde des Genusses schärfen beim Essen in vollkommener Dunkelheit ihre Sinne, entdecken auf geführten Streifzügen unbekannte Märkte oder schwingen in der bestsortierten Kochbuchhandlung der Stadt den Kochlöffel.

Guide Mario nimmt uns an der Hand und führt uns durch eine s-förmige Schleuse an den Tisch. Vorsichtig setzen wir uns auf unsere Stühle, ertasten Besteck, Gläser und eine Flasche Mineralwasser. Unser Abenteuer beginnt. Während die anderen Gäste in den Raum begleitet werden, erledigen wir die erste Aufgabe in völliger Dunkelheit: Wir schrauben den Drehverschluss ab und schenken Wasser ein. So langsam und bedächtig wie nie zuvor.

Das **Dinner in the Dark** versetzt Sehende in die Welt von Blinden, in die Welt unserer Kellner Mario und Adriana. In diesem Raum gibt es weder Farben noch Umrisse, keine noch so kleine Lichtquelle hilft uns bei der Orientierung. Es ist seltsam und faszinierend zugleich. Die übrigen Sinne werden nach kurzer Zeit aktiver, springen für den Sehsinn ein. Geräusche sind lauter als sonst, Gerüche intensiver.

Adriana und Mario servieren den ersten Gang. Wir suchen nach Gabel und Messer, essen knapp über dem Teller oder nehmen unbemerkt von unserer Umgebung die Finger zu Hilfe. Zu schneiden oder gar die Gabel zu befüllen, stellt uns vor immense Schwierigkeiten. Die Schale mit Zitronenwasser wird zum wichtigsten Gegenstand am Tisch. „Sind das eingelegte Zucchini?

Zwiebeln? Artischocken?" Wir kauen langsamer als sonst, um herauszufinden, was wir essen. Gerüche und Geschmäcker verwandeln sich in unseren Köpfen zu fantasievollen Bildern.

Zwischen den vier Gängen halten uns Adriana und Mario mit diversen Aufgaben auf Trab. Wir malen oder schreiben auf ein Blatt Papier. Ertasten Figuren und versuchen zu erraten, was wir in der Hand halten. Riechen unterschiedliche Düfte und versuchen sie zuzuordnen. Spielen wenig erfolgreich ein Brettspiel. Dazwischen tauschen wir die einzelnen Gegenstände mit unseren Tischnachbarn, an die wir uns herantasten und die zu unserer Überraschung nur einen knappen Meter von uns entfernt sitzen. Viel näher, als es ihre Ess- und Sprechgeräusche erahnen ließen.

Nach dem Essen legen die Kellner lateinamerikanische Musik auf und ermutigen uns zu tanzen. Niemand sieht die Verrenkungen, die wir bei Licht nie wagen würden. Dreieinhalb Stunden sind schnell um und wir hanteln uns an der Wand entlang hinaus in den beleuchteten Bereich. Hier werden alle Rätsel des Abends gelöst. Auf einem Tisch werden Figuren, Duftboxen, Spiele, Speisen und Getränke im Licht präsentiert. Als unsere Dinner-in-the-Dark-Guides vor den Vorhang treten, applaudieren die Gäste. Wir mussten uns nur wenige Stunden den Herausforderungen stellen, mit denen sie Tag für Tag konfrontiert sind.

Kulinarische Streifzüge in unbekannte Ecken Wiens

Wie schmeckt Honig? Wonach riecht Kaffee? Wie schmilzt Schokolade auf der Zunge? „Gerade für die detaillierte Beschreibung von Essen fehlen uns oft die Worte. Die Leute sagen meist nur ‚lecker' oder ‚gut'", stellt Bianca Gusenbauer (Foto links oben) fest. Dabei könne man Nahrungsmittel genauso wie Wein mit zahlreichen Adjektiven schmücken.

Die Kochbuchautorin bezeichnet sich selbst als Food-Entertainerin, denn bei ihr dreht sich alles ums Essen, beruflich wie privat. Für sie ist Essen weit mehr als bloße Nahrungsaufnahme, um satt zu werden. Es ist Erlebnis, Alltagskultur. Gemeinsam mit der Sensorikerin Elisabeth Buchinger bringt Gusenbauer seit Herbst 2015 Interessierten ihr kulinarisches Know-how während organisierter Grätzlwanderungen näher.

Die **Wiener Sinnestouren** führen auf Märkte, die auch für viele Einheimische Neuland sind. Das oft bemühte Wort „Lustwandeln" beschreibt die geführten Spaziergänge wohl am besten. Es geht darum, Unbekanntes zu entdecken, sich Zeit dafür zu nehmen, mit allen Sinnen zu genießen und das Erfahrene auch in Worte zu fassen. Die kulinarischen Streifzüge führen abwechselnd auf den orientalischen und bunten Hannovermarkt in der Brigittenau, den noblen und eher hochpreisigen Kutschkermarkt in Währing oder den rustikalen Meidlinger Markt. Dort werkt der angeblich beste Fleischhauer Wiens, und wer das vom Aussterben bedrohte „Meidlinger L" sucht, wird hier noch reichlich fündig. „Der Hannovermarkt erinnert mich an einen Basar, der Kutschkermarkt ist gehobener Bobo-Style und der Meidlinger Markt eine Mischung aus beiden", fasst Gusenbauer zusammen.

Die drei Märkte sind unterschiedlich, der Ablauf der Touren ähnlich. Die beiden Frauen machen mit ihren Kleingruppen Station bei Ständen, Geschäften und Produzenten. Sie verkosten und reden darüber. Erklären, wie unsere Sinne funktionieren. Wie bestimmte Lebensmittel produziert werden und sich der Geschmack, das Aussehen und der Geruch von Essen treffend beschreiben lassen. Denn egal ob edler Käse oder lapidares Grubenkraut, alle Nahrungsmittel haben ihre Besonderheiten, ihr eigenes Aroma.

Buchhandlung und Kochschule

Diese Buchhandlung müssen Feinschmecker einfach lieben: **Babette's – Spice and Books for Cooks** im Freihausviertel hat mehr als 2500 Kochbücher auf Lager, verkauft exquisite Gewürzmischungen und verwandelt sich abends regelmäßig in eine Kochschule, in der die Chefin persönlich gemeinsam mit den Teilnehmern ein fünfgängiges Menü anrichtet. Babette's-Gründerin Nathalie Pernstich ist keine gelernte Köchin, sondern Autodidaktin. „Mein Ansatz ist, dass die Zubereitung einfach ist, das Essen aber trotzdem gut schmecken und hübsch angerichtet sein soll. Weil ich ein bequemer Mensch bin, habe ich viele Tipps und Tricks entwickelt, wie es schneller und unkomplizierter geht."

Das Kochniveau der Leute spiele keine Rolle. „Wenn jemand nicht weiß, wie man eine Zwiebel schneidet, ist das kein Problem. Falls einer bereits sehr gut kochen kann und neue Ideen sucht, ist das auch toll, dann gehe ich eben darauf ein." Die Themenpalette in ihren Kursen reicht von französischer Landküche und italienischen Teigwaren über Indian Thali bis hin zu saisonaler Fischkü-

che. Nach dem Kochen verwandelt sich der Verkaufsraum der Buchhandlung in einen Speisesaal, das Zubereitete wird gemeinsam gegessen. „Kochen verbindet", sagt Pernstich. Meist würden sich die Teilnehmer vor dem gemeinsamen Termin nicht kennen, „beim Essen unterhalten sie sich häufig schon wie alte Freunde". Die Kochkurse sind oft wochenlang im Voraus ausgebucht.

Babette's ist wahrscheinlich die interessanteste Kochbuchhandlung Wiens. Bücher in verschiedenen Sprachen, zu zahlreichen Länderküchen oder Nischenthemen machen Lust, den Kochlöffel zu schwingen. Pernstich hat mittlerweile selbst einige Kochbücher geschrieben. Das letzte ist dem Thema Pfeffer gewidmet. Für Gewürze hat Pernstich sowieso ein besonderes Faible, seit 2002 verkauft Babette's eigens kreierte Gewürzmischungen. „Wir entwickeln die Rezepte, die Mischungen werden in Handarbeit und in kleinen Chargen produziert", erzählt sie.

Der Name des Geschäftes leitet sich übrigens von Karen Blixens Novelle *Babettes Fest* ab, in der es um eine Köchin und sinnliches Essen geht. „Wenn man unser Geschäft betritt, dann ist das wie ein kleines Fest. Das möchten wir transportieren."

Die Schneckenfarm in Favoriten

Wien galt jahrhundertelang als Hochburg für Schneckenliebhaber. Bis zum Beginn des 20. Jahrhunderts verkauften die „Schneckenweiber" hinter der Peterskirche im ersten Bezirk die gekochten Weichtiere im Stanitzel. „Damals war es Fast Food, heute ist es Slow Food", erzählt uns Andreas Gugumuck. Der junge Landwirt entdeckte die Wiener Schneckentradition 2007 in einem

Kochbuch für sich und begann noch im selben Jahr Schnecken aus Frankreich zu importieren und auf seinem Hof in Favoriten zu züchten. Mehrere Hunderttausend Weichtiere leben inzwischen auf dem 1200 Quadratmeter großen Feld zwischen Klee, Rüben und Salat am Südrand von Wien.

Mittlerweile beliefert der bisher einzige Schneckenzüchter Österreichs die gehobene Gastronomie mit seinem Produkt, ist Mitglied von *Slow Food Wien* und gewann unter anderem den EU-Innovationspreis für Junglandwirte 2012. Seine Weinbergschneckenzucht **Wiener Schnecke** zeigt er von Mai bis Oktober bei Führungen interessierten Besuchern, anschließend offeriert er eine Kostprobe seiner Delikatessen. Schneckenfleisch ist zart und schmeckt nicht sehr intensiv, aber es hat viermal so viel Eiweiß wie Rindfleisch, ist sehr gesund und sättigend. „Nach einem alten österreichischen Rezept werden Schnecken drei Stunden lang mit Weißwein, Suppengrün und verschiedenen Gewürzen gekocht", verrät Gugumuck.

Seine Schnecken, so betont er, werden artgerecht und ökologisch gehalten. Seine Produkte verkauft der Landwirt direkt ab Hof, etwa Schneckenleber oder Schneckenkaviar. Im ehemaligen Schweinestall hat er eine Liebeskammer für die Tiere errichtet. „Dort gaukle ich ihnen mithilfe von Licht und Temperatur vor, dass das ganze Jahr Mai ist. Dann legen sie Eier – und ich bekomme Kaviar."

Schnecken schlafen am Tag und fressen in der Nacht, am Abend sei ihr Schmatzen zu hören, sagt Gugumuck. Wahrscheinlich ist er der einzige Landwirt in Österreich, der dieses Geräusch mag.

Kreative Schmankerln in der Obstkiste

Bananencurry, Ingwerlikör, Orangen- oder Caféolivenöl, Kaiserschmarrn-Backmischungen in hübschen Flaschen und Lavendelsirup, das ist nur eine kleine Auswahl des Angebots im **'s Fachl**.

Das Geschäft in der Wiener Innenstadt ist so eine Art Schatzkiste für alle, die eine Auszeit von großen Supermärkten und Einkaufstempeln brauchen. Es liegt versteckt in einem Hinterhof und hat im Herbst 2015 mit einem innovativen Konzept eröffnet. Vor allem regionale Kleinproduzenten mieten sich dort um zehn Euro pro Woche ein „Fachl“, also eine Obstkiste aus Holz, um ihre Waren zu verkaufen. Über 300 Fachl werden angeboten und sind meist zu einem Gutteil belegt.

Einige Regale sind mit selbstgestrickten Wollhauben oder Filzpatschen gefüllt, doch am häufigsten nutzen Lebensmittelhersteller die Möglichkeit des Minishops auf Zeit. Die meisten von ihnen produzieren in so geringen Mengen, dass sie als Lieferanten für Supermarktketten nicht infrage kommen. Durch die Vielzahl an Anbietern ergibt sich im 's Fachl ein äußerst kreatives Sammelsurium an Köstlichkeiten, die zudem ständig variieren.

Mitbegründer Christian Hammer zeigt uns ein paar seiner Favoriten, unter anderem den Schweinsbraten im Glas. „Der schmeckt sensationell, wie Omas Schweinsbraten. Ich hätte das nie für möglich gehalten“, sagt er begeistert. „Und von diesem Wein gibt es nur 1600 Flaschen pro Jahr. Der wurde auch in London beim Achtziger der Queen ausgeschenkt.“

Ein paar Guides haben das 's Fachl bereits als Station in ihr Tourprogramm eingebaut, damit die Touristen etwas Handgemachtes und in Österreich Produziertes kaufen können.

Und noch mehr Kulinarik

Das **Mezzanin 7** ist eine nostalgisch dekorierte private Altbauwohnung im neunten Bezirk, in der drei Gourmets zu **Private Vintage Dinners** und Sonntagsbrunch laden. Die Küche hat sich auf raffinierte, aber trotzdem bodenständige Rezepte aus der Zeit der Monarchie spezialisiert. Die Herren kochen mit viel Leidenschaft auf höchstem Niveau, die Atmosphäre ist familiär. Es ist schwierig, aus der Vielzahl hervorragender Wiener Restaurants noch hervorzustechen - das Mezzanin 7 hat es trotzdem geschafft.

Angelika Apfelthaler gilt mit ihrem **the Dining Room** als Pionierin des Private Dinners in Wien. Die Vielgereiste betreibt seit 2007 ein Restaurant in ihrem Privathaus in Hietzing, in dem sie vorrangig mediterrane Gerichte mit Schwerpunkt Italien serviert. Apfelthaler kocht saisonal, verarbeitet nur Topprodukte und kümmert sich persönlich um ihre Gäste. The Dining Room wurde von einem US-Magazin unter die Top 10 der „World's Best Secret Dining Clubs" gewählt.

INFO!

Dinner in the Dark/Vier Sinne: Huttengasse 83, 1160 Wien. www.ssl.viersinne.at

Wiener Sinnestour: Touren: Hannovermarkt & 9. Bezirk, Kutschkermarkt & Währing oder Meidlinger Markt. Von März bis Oktober, Dauer ca. drei Stunden. www.wienersinnestour.com

Babette's - Spice and Books for Cooks: Schleifmühlgasse 17/Mühlgasse 9, 1040 Wien. www.babettes.at

Wiener Schnecke/Gugumuck-Hof: Rosiwalgasse 44, 1100 Wien. www.wienerschnecke.at

's Fachl: Fleischmarkt 16, 1010 Wien (im Hof). www.fachl.at

Mezzanin 7: Liechtensteinstraße 12/2/7, 1090 Wien. Reservierung erforderlich. www.mezzanin7.at

the Dining Room: Maygasse 31, 1130 Wien. Reservierung erforderlich. www.thediningroom.at

VOLLE KRAFT VORAUS

Wien für FREIZEITKAPITÄNE

Einmal das Flaggschiff der DDSG steuern, mit einer heißen Seifenkiste durch die Innenstadt flitzen oder mit einem Bagger ein Spiegelei braten – wo sich Erwachsene ihre Kindheitsträume erfüllen.

Sie ist 63,4 Meter lang, fährt mit einer Leistung von 2 x 650 PS und darf bis zu 600 Personen transportieren. Die Rede ist von der **MS Admiral Tegetthoff,** dem Flaggschiff der DDSG Blue Danube, das nach dem bedeutendsten Admiral der österreichischen Kriegsmarine, Wilhelm von Tegetthoff (1827–1871), benannt wurde. An ein paar Samstagen im Hochsommer dürfen hier auch Hobbykapitäne ans Steuer, um auf der Donau von der Wiener Reichsbrücke bis Greifenstein zu schippern. Unter Aufsicht des echten Kapitäns, versteht sich. Die DDSG verkauft dieses außergewöhnliche Erlebnis als Sonderfahrt **Einmal Kapitän sein**.

Fünf Herren haben das Package für diesen Tag gebucht. Der Kapitän, Thomas Graner (siehe Foto unten), führt sie zunächst in die Grundlagen der Donauschifffahrt ein, danach wird er sie abwechselnd an den Joystick lassen, um das Schiff zu steuern. Das schmucke Steuerrad kommt nur noch zum Einsatz, falls der Joystick ausfällt. Graner weicht den Anfängern dabei nicht von der Seite und wirft dazwischen immer wieder einen prüfenden Blick auf das Radar. Wir sehen auf dem Gerät eine Ansammlung gelber Punkte auf schwarzem Hintergrund. Graner erkennt darauf die aktuelle Position des Schiffes oder eine drohende Kollisionsgefahr. „Wen die Donau einmal hat, den gibt sie nicht mehr her", ist er überzeugt. „Sobald ich den Hebel in der Hand halte, bin ich glücklich. Nennen Sie es einen Virus."

Dann lobt der Kapitän seinen Schüler: „Sie müssen die Richtung noch etwas korrigieren, ansonsten machen Sie das sehr gut." Der Mann am Joystick sieht selig aus. Graner ist bei jeder Fahrt verantwortlich für das Wohl der Passagiere und der Mannschaft, mit der er regelmäßig Themenfahrten bestreitet. Zur Admiral Tegetthoff hat er in der langen Zeit eine besondere Beziehung aufgebaut. „Ich achte sehr auf mein Schiff, da hängt mein Name dran."

Nach ungefähr eineinhalb Stunden erreichen wir Greifenstein. Vor der Schleuse wendet das Schiff und fährt stromabwärts Richtung Wien. Ein Hobbykapitän muss dem anderen Platz machen. Als Erinnerung bekommt er eine Urkunde und eine Schiffsglocke. Danach posiert er mit der Kapitänsmütze für einen Schnappschuss. Graner gibt dem Mann noch einen Tipp für das Foto: „Nehmen Sie eine erhabene Haltung ein."

Mit der Seifenkiste durch die Stadt

Die japanischen Touristen ignorieren den Fiaker, der gemächlich über den Heldenplatz kutschiert, und richten ihre Kameras lieber auf mich. Heute werde ich öfter fotografiert als der Stephansdom. Passanten winken mir zu oder lachen mich an, manchen bleibt der Mund offen stehen, Autofahrer machen ungewohnt höflich Platz. In meiner Seifenkiste fühle ich mich wie der König der Ringstraße. Guide Dominik hat sich an die Aufmerksamkeit längst gewöhnt, die die **Hot Rods** in der Wiener Innenstadt erregen. Er fährt unbeeindruckt voraus und biegt beim Ring rechts ab, ich folge ihm. Wir tragen beide einen Schutzhelm und sind mit einem Funkgerät verbunden.

Mein Hintern befindet sich knapp über dem Asphalt, trotzdem fühle ich mich sicher. Kupplung gibt es keine, rechts gebe ich Gas, links bremse ich. Mit der Direktlenkung habe ich mich nach ein paar Minuten angefreundet. Verkehr und rote Ampeln verlangsamen unsere Fahrt zunächst, aber bei der ersten grünen Welle beschleunigt Dominik. Endlich freie Fahrt! Ich erhöhe ebenfalls

die Geschwindigkeit, spüre den Fahrtwind im Gesicht. Das Tachometer zeigt 40 Kilometer pro Stunde, trotzdem fühle ich mich wie in einem Rennwagen. Dabei ist das Limit noch lange nicht erreicht, bis zu 88 Stundenkilometer schafft die Kiste.

In Hamburg wurden diese schrägen Gefährte, die amerikanischen Autos aus den 1920er- und 1930er-Jahren nachempfunden sind, erfunden und erstmals für den Straßenverkehr zugelassen. Der Hamburger Florian Matthies hat sie im Frühjahr 2015 nach Wien gebracht. „Besonders bei den Einheimischen kommen die Hot Rods super an", sagt er. „80 Prozent meiner Kunden sind Wiener."

Die klassischen Hot-Rod-Touren dauern zwei Stunden und führen rund um die Wiener Innenstadt bis zum Prater und dann weiter zur UNO-City (siehe auch Seite 99 f.) oder an den Stadtrand auf die Höhenstraße und durch den Wienerwald. Pro Trip stehen bis zu zwölf Fahrzeuge zur Verfügung. „Wir fahren aber schon ab einem Teilnehmer", sagt Matthies. Und bei Bedarf gehe man auf individuelle Wünsche ein.

Baggern in Simmering

Nach Herzenslust mit dem Bagger Autos herumschieben oder Mauern umreißen, das tut richtig gut und ist im **Baggerpark** in Simmering auch noch legal. Und wer Konzentration und Geschicklichkeit unter Beweis stellen will, darf sich mit einem 30-Tonnen-Bagger das Frühstück zubereiten. Ein rohes Ei soll mit dem Greifer in eine Pfanne geschlagen werden, ohne es zu zerdrücken.

„Mit dem Bagger ein Spiegelei braten ist unsere Reifeprüfung", sagt Baggerpark-Gründer Paul Hofer. „Aber das schaffen nur wenige." Er grinst. Leicht ist Baggerfahren wirklich nicht, wie ein Selbsttest beweist. Um die Steuerknüppel richtig zu bedienen, bedarf es einer gewissen Koordination und Übung.

Das Gelände erinnert tatsächlich an eine Baustelle. Aufgegrabene Löcher, Baumaschinen, Leitkegel und eine alte Tramway verteilen sich auf dem 10.000 Quadratmeter großen Areal. Hier zeigen Hofer und andere Vereinsmitglieder kleinen und großen Besuchern, wie man schremmt (Betonblöcke zerkleinert) oder Löcher aushebt.

Seit frühester Jugend hat Hofer auf Baustellen gearbeitet. Dabei ist ihm aufgefallen, dass Kinder ihn und seine Kollegen häufig interessiert bei der Arbeit beobachten. Selbst in einem Heim aufgewachsen, wuchs der Wunsch in ihm, für Kinder etwas auf die Beine zu stellen. Mitte der 1990er-Jahre rief er schließlich den Verein **Kids-on-Stage** ins Leben und stellte eine Showbühne auf einem Areal in der Nähe des Alberner Hafens samt ein paar Baggern auf. Seit mittlerweile 20 Jahren geben in unregelmäßigen Abständen Kinder „on stage" eine Kostprobe ihres Talents oder lernen hier Baggerfahren. Viele Papas und wenige Mamas wollen ihren Spieltrieb ebenfalls ausleben – für sie gibt es größere Maschinen und anspruchsvollere Aufgaben. Denn für die verspielten Großen überlegt sich der Vereinsobmann immer wieder neue Herausforderungen. „Bei einem Wettkampf mussten die Teilnehmer mit dem Greifer ein abstraktes Gemälde malen oder ein Auto auf einen Lkw werfen." Verspielt ist Hofer auch selbst, deshalb mimt er bei solchen Veranstaltungen gerne „seine kaiserliche Hoheit", Paul von Hoferix I.

Hofer ist nicht nur gerne Entertainer (siehe auch Seite 19), sondern auch sozial engagiert. Es ist ihm ein Bedürfnis, besonders Kindern manuelle Arbeit näherzubringen. Neben den Baumaschinen bietet er eine Mischmaschine, eine Autowerkstatt und eine Schmiede zum Üben an. „Da dürfen sie schweißen oder Motoröl und Reifen wechseln. Den Gschrappen bringt heute ja niemand mehr etwas Praktisches bei", sagt er in schönstem Wienerisch. Kinder lernen seiner Meinung nach schnell. „Erwachsene sind oft viel ungeschickter." Häufig spendet Hofer für karitative Zwecke und jedes Jahr lädt er um die 40 behinderte Kinder in den Baggerpark ein. Für sein soziales Engagement wurde ihm 2014 das Silberne Verdienstzeichen der Republik verliehen. „Das kriegen meistens nur Politiker oder Professoren", meint er stolz. „Wahrscheinlich bin ich in Österreich der einzige Baggerfahrer mit so einem Orden."

Kulinarisches

Das **Motto am Fluss** direkt bei der Anlegestation für den Twin City Liner am Donaukanal sieht selbst aus wie ein Schiff, zudem werden auch ausgezeichnete (Fisch!)Gerichte serviert. Ein paar Gehminuten weiter können Freizeitkapitäne auf einem echten Schiff speisen: Im Restaurant des **Badeschiffs** (Foto nächste Seite) werden maritime Biospeisen serviert, vor dem Essen bietet sich zur Abkühlung ein Sprung in den Pool an.

Für Baggerfahrer und Seifenkistenlenker ist der **Leberkas-Pepi** (rustikal, geht schnell) eine gute Option. Er ist schon lange so etwas wie der Leberkäse-Gott von Linz, hat im Herbst 2015 eine Filiale in Wien eröffnet und überrascht mit Ausgefallenem wie Chili- oder Pizzaleberkäse.

Die Biker-Bar südlich von Wien

Elvis-Figuren, US-Flaggen, Zapfsäulen, Motorräder und eine Freiheitsstatue, die mit ihrer ausgestreckten Hand beinahe die Decke berührt, dazu Rockmusik vom Feinsten: Das **Clocktower** (Foto rechts) befindet sich zwar in Niederösterreich, aber für wahre Freizeitkapitäne und USA-Fans dürfte das wohl kein Problem darstellen. Das Restaurant südlich von Wien ist im Harley-Davidson-Design gestaltet und erzählt auf einer Fläche von 2000 Quadratmetern die Geschichte des Kultmotorrads. Serviert werden unter anderem Steaks und Burger, die Speisen fast ausschließlich selbst zubereitet. Ein Bierbrunnen, ein Showgrill und die teuersten Barhocker der Welt runden das Angebot ab.

INFO!

DDSG Blue Danube Schifffahrt: Handelskai 265, 1020 Wien.
www.ddsg-blue-danube.at/de/sonderfahrten_einmal_kapitaen_sein

HOTROD CITYTOUR® Wien: Judengasse 4, 1010 Wien.
Für die Inbetriebnahme eines Fahrzeuges sind B-Führerschein und das vollendete 18. Lebensjahr Voraussetzung.
www.hotrod-citytour-wien.com/startwien/seite124

Baggerpark: Alberner Hafenzufahrtsstraße 21, 1110 Wien.
Von April bis November geöffnet, Voranmeldung erbeten.
www.baggerpark.at

Motto am Fluss: Franz-Josefs-Kai 2, 1010 Wien.
www.mottoamfluss.at

Donau Badeschiff: Donaukanal, 1020 Wien.
www.badeschiff.at

Leberkas-Pepi: Operngasse 12, 1010 Wien.
www.leberkaspepi.at

Clocktower: Ziegelofengasse 6, 2345 Brunn am Gebirge.
www.clocktower.at/wien

KEEP COOL

Wien für HITZEGEPLAGTE

Wenn das Thermometer in den Sommermonaten wochenlang täglich auf bis zu 38 Grad klettert, müssen auch Hitzeempfindliche nicht zu Hause bleiben. Sie verbringen eine Polarnacht im Zoo, steigen in Grüfte und Keller oder gehen mitten im August eislaufen.

Ein Eisbär taucht an einer riesigen Glasscheibe vorbei, während wir an unserem Cocktail nippen und die frühlingshaft angenehmen Temperaturen im „Franz Josef Land" genießen. Ganz Wien stöhnt in dieser subtropischen Nacht über die Hitze, doch im Polardom, dem Besucherzentrum der Eisbärenwelt, sinken die Temperaturen im Sommer bis zu zehn Grad unter die Außentemperatur.

Die **Polarnächte** im **Tiergarten Schönbrunn** starteten im Rekordhitzesommer 2015 und wurden von den Besuchern bereits in der ersten Saison sehr gut gebucht. Kein Wunder, dermaßen schweißtreibendes Wetter macht Lust auf einen Besuch bei den polaren Tieren des Zoos, den Königs-, Felsen- und Humboldtpinguinen, den Mähnenrobben und den beiden Eisbären Lynn und Ranzo. In ihrem natürlichen Lebensraum würden Letztere am Packeis Robben oder junge und geschwächte Walrosse jagen, vor der arktischen Kälte gut geschützt durch ihr dichtes, wasserabweisendes Fell und eine dicke Fettschicht, die sie nicht frieren lässt.

Im Zoo muss daher natürlich auf ihre speziellen Bedürfnisse Rücksicht genommen werden. Die **Eisbärenanlage** im Tiergarten, eine der modernsten in Europa, ist etwa 1700 Quadratmeter groß und ihrem natürlichen Lebensraum nachempfunden. „Mit wechselnden Bodenstrukturen wie Fels- und Geröllflächen, Wasserfällen und Bächen wird den Eisbären eine abwechslungsreiche Landschaft geboten. Mehrere Süß- und Salzwasserbecken laden die Bären zum Schwimmen und Tauchen ein", erklärt der Biologe und Leiter des Besucherservice, Hanno Fürnwein. „Es gibt außerdem die Möglichkeit, die Anlage im Falle von Nachwuchs zu teilen. Die Aufzucht der Jungtiere ist nämlich alleinige Aufgabe der Mutter."

Gleich gegenüber der Eisbärenanlage leben Pinguine, denen die Eisbären in freier Wildbahn nie begegnen würden. Eisbären leben rund um den Nordpol. Die Heimat der Pinguine liegt am anderen Ende der Welt rund um den Südpol und die subantarktische Inselwelt. Dort werden die tiefsten Tempera-

turen überhaupt gemessen – mit Rekordwerten von bis zu –89 Grad Celsius. So kalt mögen es die Königs- und Felsenpinguine, die auf subantarktischen Inseln brüten, allerdings nicht. Im **Polarium** ist es deshalb keineswegs so eisig, wie man denken möchte. Bei einer Raumtemperatur von rund zehn Grad und einer Wassertemperatur von kühlen acht Grad fühlen sich die beiden Pinguinarten so richtig wohl. Die Humboldtpinguine sind in einem eigenen

Gehege untergebracht und können das ganze Jahr über im Freien leben. Streng genommen sind sie keine polaren Tiere, da sie in Südamerika leben. Doch auch sie bevorzugen kaltes Wasser. Und natürlich Fisch.

Wir beobachten die Mähnenrobben von oben in der **Tauchbox**, einem abgedunkelten Raum mit Glasboden, unter dem die eleganten Tiere vorbeigleiten. Das Sozialverhalten von Eisbären und Robben ist sehr verschieden: Während erwachsene Eisbären Einzelgänger sind, halten sich die Bullen der Mähnenrobben einen Harem. Wie die Eisbären werden die Robben von einer dicken Fettschicht vor extremer Kälte geschützt. Und die muss natürlich erst angefressen werden: Deshalb gibt es im Zoo vor dem Winter größere Rationen an Fisch. Außerdem liegen sie gerne faul in der Sonne herum, um dann wieder ins kalte Wasser abzutauchen. So mancher würde da gerne tauschen.

Der kulinarische Höhepunkt der Polarnacht ist wie bei ähnlichen Abendveranstaltungen im Tiergarten Schönbrunn (siehe auch Seite 113) ein viergängiges Menü im imperialen **Kaiserpavillon**. Der Tiergarten hat seine Tore bereits geschlossen, die Besucher haben den Zoo verlassen. Jetzt herrscht hier diese ganz besondere Atmosphäre, es ist fast menschenleer, dunkel, viel ruhiger als am Tag. Ganz still ist es allerdings nie, denn die Zoobewohner schlafen niemals alle gleichzeitig.

Mumien, Kirchen und der Hauch des Todes

Ob eisige Kälte oder brütende Hitze, dank einer Umluftkühlanlage hat es unter der Pfarrkirche zu St. Michael das ganze Jahr konstant zwölf Grad. Die Kirche gehört zu den bemerkenswertesten Kulturdenkmälern Wiens, ist zentral neben der Hofburg gelegen und erfüllt damit alle Voraussetzungen für einen Ausflug an den Hundstagen. Als wir die hohen Stufen in das 800 Quadratmeter große Reich der Toten hinuntersteigen, erwartet uns, obwohl in der **Michaelergruft** 4000 Verstorbene ihre letzte Ruhestätte fanden, kein modriger Verwesungsgeruch, sondern angenehme Temperaturen und trockene Luft.

Seit dem 16. Jahrhundert wurden Tote in der Gruft bestattet. Damals hob man bei einer Beerdigung Steinplatten in die Höhe, ließ den Sarg hinunter und verschloss die Öffnung wieder. Jedes Mal drang dabei der grauenhafte Verwesungsgeruch nach oben und die Gläubigen fühlten sich beim Beten gestört. Schließlich ließ man doch eine Treppe bauen und trug die Särge nach unten. Im Jahr 1783 verbot Kaiser Joseph II. unter anderem aus hygienischen Gründen Bestattungen in den Kirchen Wiens. Die Leichen von Bürgern und Adeligen, die bis dahin unter der Michaelerkirche begraben worden waren, sind jedoch bis heute hiergeblieben. Die meisten zerfielen in einzelne Knochen, doch einige sind noch in einem erstaunlich guten Zustand. Denn durch die Zugluft in der Gruft, die geringe Feuchtigkeit und die Holzspäne, auf die die Leichen gebettet wurden, erreichten sie einen außergewöhnlichen Mumifizierungsgrad.

Drei der Mumien, ein Mann und zwei Frauen, werden den Besuchern bei Führungen präsentiert. Seidenkleider, Schnallenschuhe und Hauben sind genauso konserviert wie ihre Besitzer. Das Skelett einer etwa 300 Jahre alten Dame wird von den Guides scherzhaft „Sleeping Beauty“ genannt. Den Kopf leicht zur Seite gedreht, sieht sie aus, als ob sie friedlich schlafen würde. Etwa 240 Originalsärge aus Holz sind noch erhalten, bemalt mit Kruzifixen, Blumen, Toten- und Engelsköpfen. Dazu kommen 30 prächtige Metallsärge und 33 mumifizierte Leichen. Der unebene Boden der Gruft besteht aus einem Gemisch von Lehm, Holz, Kleiderresten und Knochen. Denn als im Laufe der Jahrhunderte der Platz in der bei Bürgerlichen und Adeligen begehrten Begräbnisstätte knapp wurde, stapelte man die Särge einfach übereinander oder warf bereits verweste Tote auf den Boden und schüttete Sand und Lehm darüber. Das Bodenniveau hob sich so um eineinhalb Meter.

1923 übernahmen die Salvatorianer die Pfarre Sankt Michael. Sie beseitigten das unterirdische Chaos in jahrelanger mühsamer Arbeit und im schwachen Schein der Kerzen, denn elektrisches Licht wurde erst in den Siebzigerjahren eingeleitet. Heute stehen die liebevoll bemalten hölzernen Originalsärge in Reih und Glied, die Gebeine der Toten liegen ordentlich geschlichtet. Zur Freude der Nachwelt dokumentierten die frommen Männer ihre Arbeit. Darum wissen wir auch, warum sie drei Totenköpfe an einer Wand fixierten: um die Gruft etwas zu beleben.

Doch nicht nur die Grüfte der Kirchen, auch die Gotteshäuser versprechen Abkühlung. Als eine der kältesten Kirchen Wiens gilt die **Votivkirche** (Foto Seite 81) nahe der Ringstraße, in der im Winter sogar das Weihwasser gefrieren soll. Vor ein paar Jahren ergab eine Messung im Hochsommer 25 Grad. Sehr angenehm, die Michaelerkirche konnte diesen Wert mit 22 Grad jedoch toppen.

Ebenso kühl und morbid wie die Gruft der Letzteren sind die **Katakomben im Stephansdom**. Hier hat es im Sommer konstant 12 bis 13 Grad. Der geschichtsträchtige unterirdische Friedhof im Zentrum der Stadt ist hell beleuchtet, die Wände sind weiß gestrichen. Kaum zu glauben, dass im 18. Jahrhundert der Gestank der verwesenden Leichen die Gottesdienste im darüber liegenden Dom störte. Bis heute werden die Eingeweide der Habsburger Kaiser und ihrer Familien hier in Urnen aufbewahrt, in der angrenzenden Gruft liegen die Leichen der Bischöfe und Kardinäle von Wien in Kupfersärgen. Durch ein vergittertes Fenster erhaschen die Besucher auch einen Blick auf die Pestgrube. Bis zu 1000 Personen fanden zu Beginn des 18. Jahrhunderts hier ihre letzte Ruhestätte, allerdings ohne Urnen oder Särge. Die Gebeine wurden einfach auf einen Haufen geworfen.

Kühl und cool

Bei rund 23 Grad gewährt die **Dritte Mann Tour** (Foto rechts) Einblicke in das Wiener Kanalsystem und die Dreharbeiten des Klassikers aus dem Jahr 1949. Der Kanal war einer der Gründe, warum der Film mit Orson Welles überhaupt in Wien gedreht wurde. Das Filmteam brauchte eine Stadt, die in verschiedene Zonen eingeteilt war und gleichzeitig ein intaktes Kanalsystem hatte, um diese Zonen für illegale Geschäfte zu überwinden. Tatsächlich wurde die berühmte Verfolgungsszene aber nur in einem einzigen Bereich des weitverzweigten Labyrinths gedreht, die meisten übrigen Szenen überhaupt in einem Londoner Studio. Orson Welles verweigerte den unterirdischen Dreh, er mochte den Gestank und die Kälte nicht.

Für Hitzegeplagte, denen die Grüfte und die Kanalisation zu gruselig sind, ist die **Schlumberger-Kellerei** in Wien-Döbling eine spritzige Alternative. Mehr als zwei Millionen Flaschen werden bei elf bis 13 Grad in der ältes-

ten heimischen Sektkellerei gelagert. Durch das 2,4 Kilometer lange unterirdische Labyrinth werden regelmäßig Führungen angeboten, Verkostung inklusive.

Wer Wintersport im Hochsommer betreiben möchte, bekommt beim **SommerEislaufen** in der Stadthalle eine kurze Auszeit von der Hitze gleich dazu. Bei angenehmen 17 Grad Raumtemperatur ziehen Schlittschuhläufer in der Halle C auf knapp 1800 Quadratmetern Eisfläche ihre Kurven. Zum Teil sind sie nur mit T-Shirts und kurzen Hosen bekleidet. Eislaufschuhe können ausgeliehen werden.

Auf ihrem **Rathausplatz** werden die Wiener ja fast das ganze Jahr über mit tollen Events verwöhnt. Im Juli und August wird bei **Filmfestival & Sommerkino** eine riesige Leinwand mit Opern, Weltmusik- oder Jazzaufführungen bespielt, der Eintritt ist gratis. Für die Sitzplätze herrschen einfache Regeln: Wer zuerst kommt, mahlt zuerst. Erfrischung für das Publikum verschaffen extra installierte Wasserventilatoren.

Der **Hochstrahlbrunnen** am **Schwarzenbergplatz** ist mit 365 kleinen Springbrunnen am Beckenrand für die Tage, zwölf hohen Strahlen für die Monate, 24 mittleren für die Stunden sowie 30 kleinen für die Monatstage ausgestattet und mit Wiener Hochquellwasser befüllt. Nachts leuchtet der Brunnen dank modernster LED-Lichttechnik besonders farbenprächtig. Durch das besondere Mikroklima ein idealer Platz für eine kurze Abkühlung mitten in der Stadt.

Kulinarisches

Die 400 Quadratmeter große Garden Lounge des **Nemtoi Restaurants** und die **Nemtoi Bar** im zentral gelegenen Hotel The Levante Parliament in der Josefstadt (Foto links) bieten für schwitzende Cocktailschlürfer und Biertrinker die Möglichkeit, ihre Getränke an einem länglichen Wasserbecken einzunehmen, in das man die Füße stecken kann. Ein Teil der werten Gäste lümmelt mit den Drinks auf bequemen Pölstern, während die anderen in der Mitte des ruhigen Innenhofs saisonale Gerichte genießen.

Eisig geht es traditionell bei **Zanoni & Zanoni** im Stammhaus der Gelato-Familie in der Innenstadt zu. Luciano Zanoni ist einer der ersten Gastronomen Wiens gewesen, der im Schanigarten mit dem Sprühnebel einer Wasserkühlung seine Gäste erfrischt hat. Er sorgt dafür, dass der Gastgarten um etwa vier Grad abkühlt.

INFO!

Tiergarten Schönbrunn: Maxingstraße 13 b, 1130 Wien. Die Polarnacht findet in den Sommermonaten in unregelmäßigen Abständen statt, beginnt um 18:45 Uhr und endet mit einem viergängigen Menü im Kaiserpavillon. Anmeldung erforderlich. www.zoovienna.at/termine/polarnacht/

Michaelergruft: Habsburgergasse 12, 1010 Wien. Besuch nur im Rahmen einer Führung möglich, Termine laut Homepage. www.michaelerkirche.at

Votivkirche: Rooseveltplatz 8, 1090 Wien. www.votivkirche.at

Katakombenführungen in der Domkirche St. Stephan: Stephansplatz 3, 1010 Wien. www.stephanskirche.at

Dritte Mann Tour: Karlsplatz/Girardipark, 1010 Wien (vis-à-vis Café Museum). Mai bis Oktober, Dauer ca. 45 Minuten. www.drittemanntour.at

Schlumberger Kellerwelten: Heiligenstädter Straße 39, 1190 Wien. www.schlumberger.at

SommerEislaufen/EisStadthalle: Vogelweidplatz 14, Halle C, 1150 Wien. Jeden Dienstag 16:00–19:45 Uhr. www.eisstadthalle.at

Wiener Rathausplatz: www.wiener-rathausplatz.at

Hochstrahlbrunnen: Schwarzenbergplatz, 1040 Wien.

Nemtoi Restaurant-Bar: Auerspergstraße 9, 1080 Wien. www.thelevante.com/parliament/de/restaurant-bar-nemtoi.html

Gelateria Luciano Zanoni: Am Lugeck 7, 1010 Wien. www.zanoni.co.at

DIE SEHNSUCHT NACH WÄRME

Wien für KÄLTEEMPFINDLICHE

Ausflüge zu den heißesten und exotischsten Plätzen der Stadt wärmen Körper und Seele. Ein orientalisches Märchen in Wieden, ein Besuch des Palmenhauses, in dem sich selbst tropische Schmetterlinge wohlfühlen, oder ein U-Bahn-Kurztrip nach Afrika garantieren selbst im tiefsten Winter Schweißausbrüche.

Die Temperatur beträgt etwa 38 Grad, die Luftfeuchtigkeit liegt bei hundert Prozent. Ich liege in einem Dampfraum, mein Körper wurde zuvor mit duftender Lavendelseife eingerieben. Ich spüre, wie sich meine gesamte Muskulatur entspannt und die Atemwege freier werden. Der dichte Wassernebel soll auch die Poren meiner Haut öffnen, damit ich optimal auf das bevorstehende Reinigungsritual vorbereitet bin.

Zeitgefühl habe ich keines, als mich Rabia aus der Kammer holt und in den Nebenraum führt. Hier mache ich es mir auf einer geheizten Steinplatte bequem. Rabia schrubbt meinen Körper von Kopf bis Fuß mit einem Peelinghandschuh und wäscht mich zwischendurch immer wieder mit warmem Wasser. Danach verteilt sie Heilerde auf meinem Körper. Der Geruch erinnert mich an Lebkuchen, ich assoziiere damit ein wohliges Geborgenheitsgefühl aus Kindheitstagen. Während mein Haar gewaschen und mein Kopf massiert wird, schlafe ich fast ein. Im Gegensatz zur Sauna oder zum türkischen Hamam werde ich hier nie kalt abgeduscht, mir ist in diesen Stunden durchgehend warm. Der perfekte Platz für Kälteempfindliche.

„Die Frauen in Marokko gehen ein- bis zweimal pro Woche ins Hamam", erzählt Rabia, während sie meinen Fuß aus dem warmen Wasserbad holt und ihn mit einem Handtuch trocken reibt. Obwohl sie nun schon mehr als zwei Jahrzehnte in Wien lebt, hat sie diese Tradition in ihrer neuen Heimatstadt beibehalten und nutzt das Hamam auch privat. Denn die gebürtige Marokkanerin schwört auf die Mischung aus Dampfbad, Ganzkörperpeeling und Heilerde. „Das ist sehr gut für die Gesundheit."

Das **Mon Corps** in Wieden ist das einzige marokkanische Hamam in Wien. Ähnlich wie bei der türkischen Variante wird den Besuchern hier eine Abfolge von Aufwärmen, Reinigen und Massagen geboten, zusätzlich zum Reinigungsritual liegt spezielles Augenmerk auf Wellness und Schönheitspflege. Nach der Behandlung fühle ich mich durch und durch gereinigt, die Haut ist samtig weich. Ein paar Stunden im Mon Corps fühlen sich an wie ein Besuch in einem orientalischen Märchen. Die Räumlichkeiten sind dekoriert mit feinen Stoffen, hübschen Kissen, Blumen und Duftkerzen, die Wände mit warmen Erdfarben gestrichen, das Licht ist gedämpft. Sanfte Musik läuft unaufdringlich im Hintergrund.

Zum Ausklang bekomme ich eine Ganzkörpermassage mit Arganöl und entspanne anschließend im Ruheraum bei hausgemachtem Frappé und frisch gepresstem Orangensaft. Was den Aufenthalt besonders angenehm macht: Wer hier einen Termin bucht, ob als Pärchen oder Einzelperson, hat den kompletten Spa-Bereich für sich alleine. Das Team schwirrt nur um eine bzw. zwei Personen herum. Da werden schon Prinzen- oder Prinzessinnengefühle wach.

Die heißeste Sehenswürdigkeit Wiens

Vorsichtig nimmt Guide Cristina Morutan die kleine Kiste mit den goldenen Kokons aus dem Schrank. „Das sind unsere schönsten Schmetterlingspuppen. Wir kleben sie mit einer Heißklebepistole an eine Stange im Puppenkasten. Nach circa zwei Wochen schlüpfen sie." Einmal pro Woche wird eine Lieferung von zwei- bis dreihundert Kokons aus Costa Rica oder Thailand in das kleine Palmenhaus im Burggarten gebracht. Die farbenfrohen Tiere, die im **Schmetterlinghaus** nahe der Hofburg herumfliegen, stammen allesamt aus den Tropen.

Das Schmetterlinghaus ist im wahrsten Sinne des Wortes die wohl heißeste Sehenswürdigkeit Wiens, denn die klimatischen Bedingungen sollen möglichst der natürlichen Umgebung der Tiere ähneln. Im Palmenhaus hat es etwa 30 Grad und eine Luftfeuchtigkeit von 85 Prozent, zumindest im Winter. In der warmen Jahreszeit kann das Thermometer auf bis zu 45 Grad klettern. Je heller und wärmer es wird, desto mehr Schmetterlinge verlassen ihre Verstecke und flattern zur Freude der Besucher herum.

Ganz optimal dürfte der künstliche Lebensraum trotzdem nicht sein. „Wir lassen die Puppen auf Farmen züchten, bei uns vermehren sie sich nur selten", erklärt Morutan. Andererseits verdopple sich die kurze Lebenserwartung der Falter in der künstlichen Umgebung. „In den Tropen werden sie etwa 14 Tage alt, bei uns leben sie manchmal bis zu vier Wochen." Der Grund sei die Abwesenheit natürlicher Feinde. Manchmal, so Morutan, würden Leute eine Raupe im benachbarten Burggarten finden und sie ins Schmetterlinghaus bringen. „Wir schicken sie wieder weg. Heimische Falter würden das Klima im Palmenhaus nicht aushalten."

Bis zu 20 verschiedene Arten von Schmetterlingen werden gehalten, der schönste ist der Blaue Morphofalter mit seinen leuchtend blauen Flügeloberseiten, der häufigste der beige-braune Bananenfalter. Der Atlasspinner erreicht eine Flügelspannweite von circa 30 Zentimetern und ist somit das größte Exemplar im Palmenhaus.

Cristina Morutan zeigt uns ihren Lieblingsplatz. Wir gehen unter einem Wasserfall durch und steigen eine schmale Holztreppe hinauf. Von hier oben haben wir den besten Blick auf das Gewächshaus, das mit seinen tropischen Pflanzen, bunten Blumen, den umtriebigen Schmetterlingen und einem Glücksbrunnen voller Münzen ein bisschen wie ein kleiner Garten Eden wirkt. Das Jugendstilgebäude, das 1901 errichtet wurde, diente bereits Kaiser Franz Joseph als Ort der Ruhe und Entspannung.

Als wir das Palmenhaus verlassen, werfen wir noch einen Blick auf das Puppenhaus. Ein kleiner Falter mit gelben Flügeln ist gerade geschlüpft. In etwa einer halben Stunde wird er genug Blut in seine Flügel gepumpt haben, um seine Geburtsstätte zu verlassen und für ein paar Wochen die Besucher im Palmenhaus zu erfreuen.

Kurztrip nach Afrika – mitten in Wien

Der König der Tiere hat schlechte Laune. Das stattliche Löwenmännchen schlägt mit seiner Pranke wiederholt gegen das Gehege und brüllt martialisch. Es hat Hunger. Wir sind mehr als dankbar für die Gitterstäbe, die uns von ihm und seinen vier Artgenossen trennen. „Ein Löwe kann fast ein ganzes Zebra auffressen", erzählt Guide Elmar. Im Zoo bekommen die Wildkatzen natürlich keine Exoten, sondern Rindfleisch (bis zu acht Kilo am Tag) und Kaninchen vorgesetzt. Lebend wird im Zoo natürlich kein Tier verfüttert, denn das ist per Gesetz verboten. Als die Schleusen im Gehege endlich aufgehen, stürzen sich die Löwen auf das rohe Fleisch.

Die Raubkatzenfütterung ist das Highlight des **Safari-Dinners** im **Tiergarten Schönbrunn**. Es dämmert und die Tagesbesucher haben den Zoo bereits verlassen. Nach einem Begrüßungscocktail führt uns Elmar etwa eine Stunde lang durch die ungewohnt ruhige Anlage zu den Gehegen afrikanischer Tiere

und erzählt Wissenswertes über deren Haltung und Eigenheiten: So dürfen Elefanten an kalten Wintertagen nur kurz ins Freie, damit ihre riesigen Ohren nicht frieren. Und männliche Strauße sind vorbildliche Väter. Sie brüten abwechselnd mit ihren Weibchen und gehen häufig mit ihren Jungen spazieren.

Die Geparde liegen im Gegensatz zu den Löwen entspannt in ihrem Gehege. „In freier Wildbahn müssen sie für ihr Fressen ‚arbeiten', hier werden sie rund um die Uhr betreut." Doch die schnellsten Raubkatzen der Welt brauchen auch im Zoo Bewegung. Damit die Sprinter fit bleiben, werden mit einem Beutesimulator regelmäßig Futterstücke durch ihr Gehege gezogen.

Nach der Führung erwartet uns auf der mit Fackeln beleuchteten Terrasse des imposanten Kaiserpavillons in der Mitte des Zoos ein viergängiges Menü mit Weinbegleitung. Aus der Ferne hören wir undefinierbare Geräusche. Irgendwo im Tiergarten wird zu jeder Zeit geheult, geschnattert oder gebrüllt.

Museum der Wiener Heizkultur

Ein weltweit einzigartiges Museum zum Thema Wärme ist in Meidling angesiedelt und trägt den etwas sperrigen Namen **Brennpunkt° – Museum der Heizkultur Wien.** Hier werden rund 250 Objekte rund ums Thema Heizen aufbewahrt, unter anderem historische Öfen, Kessel- und Dampfheizungsanlagen. Hier ist etwa auch jener Kessel zu sehen, der früher das Palmenhaus Schönbrunn erwärmte, oder eine gasbetriebene Kaffeemaschine aus Wien, die bei der Weltausstellung in Paris 1937 den ersten Preis abräumte.

Das Museum bietet zudem Einblicke in die Geschichten und die Sozialgeschichte hinter den Exponaten (Stichwort Substandardwohnungen und Tröpferlbad), in die Beheizung von U-Bahn-Stationen oder in die Zukunft der Energieversorgung. Für Kinder wurde eine interaktive Spielstation eingerichtet.

Kulinarisches

Im Restaurant **Marks** in Neubau erwartet die Gäste an kalten Winterabenden ein offener Kamin. Unterkühlte Fleischesser, Vegetarier und Veganer werden auf der Speisekarte gleichermaßen fündig.

Das **Marina Restaurant** in der Leopoldstadt (Foto rechts) erfreut die Besucher ebenfalls mit warmem Kaminfeuer und zudem mit einem Blick auf die winterliche Donau. Neben Wiener Spezialitäten gibt es passend zur Location ein großes Angebot an mediterranen und maritimen Gerichten.

Wer sich lieber von innen her wärmt, dem seien die Suppenlokale empfohlen, die in Wien seit einigen Jahren wie Schwammerln aus dem Boden schießen: Im **SpoonFood** im ersten Bezirk etwa werden verschiedenste Suppen und Eintöpfe täglich frisch zubereitet. Das Angebot reicht von Altbekanntem wie Hühnersuppe bis hin zu exotischen Speisen. Besonders köstlich sind die Suppen im zu Recht gehypten **Nguyen's Pho House** in Neubau. Pho, die traditionelle vietnamesische Suppe, ist nahrhaft und sättigend wie ein Hauptgericht.

INFO!

Mon Corps: Belvederegasse 33, 1040 Wien. www.mon-corps.at

Schmetterlinghaus Palmenhaus: Burggarten Hofburg, 1010 Wien.
Sieben Tage die Woche geöffnet, bei Interesse an Führungen Anfrage per E-Mail.
www.schmetterlinghaus.at

Tiergarten Schönbrunn: Maxingstraße 13 b, 1130 Wien.
Safari-Dinner von Mai bis September an bestimmten Terminen.
Anmeldung erforderlich. www.zoovienna.at/termine/safari-dinner

Brennpunkt° – Museum der Heizkultur Wien: Malfattigasse 4, 1120 Wien.
Geöffnet nur in der kalten Jahreszeit von Oktober bis Mai.
Regelmäßige Führungen. www.wien.gv.at/kultur/museen/brennpunkt

Marks: Neustiftgasse 82, 1070 Wien.
www.restaurant-marks.at

Marina Restaurant: Handelskai 343, 1020 Wien.
www.marina-restaurant.at

SpoonFood: Schottengasse 3, 1010 Wien.
www.SpoonFood.at

Nguyen's Pho House: Lerchenfelder Straße 46, 1080 Wien.
www.nguyensphohouse.at

EINMAL UM DIE WELT

Wien für KOSMOPOLITEN

Durchs Reden kommen d' Leut zam. Zum Beispiel bei Tischgesprächen mit Weltenbummlern und Migranten oder in der Esperantogruppe.

Winston Liew ist 27 Jahre alt, kommt aus Malaysia, spricht sechs Sprachen und ist heute zum ersten Mal in Wien. Vor ein paar Stunden ist er nach einer Konferenz aus Genf eingeflogen, um fünf Tage in der österreichischen Hauptstadt zu verbringen. Er ist viel jünger als ich und kommt von einem anderen Kontinent, kennengelernt haben wir uns vor fünf Minuten. Trotzdem sitzen wir im Café Ministerium an einem Tisch und philosophieren über Gott und die Welt, ohne dass uns der Gesprächsstoff ausgeht.

Die **Vienna Coffeehouse Conversations** bringen Reisende aus allen Teilen der Welt mit Einheimischen zusammen. Der Brite und Wahlwiener Eugene Quinn organisiert das monatlich stattfindende Event, um die Gesprächskultur der Wiener Kaffeehäuser wieder aufleben zu lassen. Er selbst habe als „Zuagroaster" die Erfahrung gemacht, dass die Wiener zu Beginn eher reserviert seien, erklärt er bei der Anmoderation. „Man sagt, die Wiener sind schlecht im Small Talk, aber gut im Big Talk." Dann teilt er jedem Wiener einen Reisenden zu. Heute ist das ein leichter Job, das Verhältnis unter den 14 Teilnehmern ist zufällig 1:1. Die Gespräche werden in englischer Sprache geführt, als Leitfaden bekommen wir einen Flyer mit Fragen. Eine lautet zum Beispiel: „Was war das schwierigste Gespräch, das du dieses Jahr führen musstest?"

Definitiv nicht das Gespräch mit Winston, denn wir brauchen den Fragenkatalog nicht. Er ist eine Frohnatur und sehr kommunikativ. Nachdem er auf der roten Sitzbank Platz genommen hat, erzählt er von seinen Reisen, seiner Lebenseinstellung, von Malaysia, seinem Jusstudium und von der Firma, die er vor wenigen Jahren in seiner Heimatstadt Penang gegründet habe. „Ich habe acht Angestellte, alles nur Familienmitglieder und Freunde. Ich liebe es, dass ich ihnen sichere Jobs bieten kann", so der erstaunliche junge Mann. Er will wissen, ob ich schon in Asien war. Ich erzähle von meinen Trips nach China und Vietnam.

„Was esst ihr in Österreich?" Wir studieren gemeinsam die Speisekarte, er entscheidet sich für Knödel mit Ei. Ich empfehle ihm einen Weißen Spritzer. „Mineralwasser und Wein mischen? Das kenne ich nicht, schmeckt aber super." Dann berichtet er von seinem neuesten Projekt: „Penang soll fußgängerfreundlicher werden. Ich mache die Kampagne für die Stadt." Als ich ihm erzähle, dass es in Wien eine Fußgängerbeauftragte gibt (siehe auch Seite 40), nimmt er das gleichermaßen erstaunt und erfreut zur Kenntnis. „Ich muss die zuständige Dame unbedingt kennenlernen."

Warum er an seinem ersten Tag in Wien an den Coffeehouse Conversations teilnimmt, anstatt sich berühmte Sehenswürdigkeiten wie Schönbrunn oder den Stephansdom anzuschauen? „Ich bin nicht der Typ, der in einer fremden Stadt Touristenplätze abgrast, ein Foto macht und dann wieder geht. Ich will Einheimische kennenlernen und wissen, wie sie leben." Ein typisches Wiener Kulturgut lernt er an diesem Abend trotzdem noch kennen: den grantigen Kellner. Charme und Freundlichkeit werden von der Bedienung streng rationiert und nur in äußerst kleinen Dosen abgegeben. „Das ist nichts Persönliches, das ist in manchen Kaffeehäusern Standard", sage ich. Winston ist nur kurz irritiert. „Jede Stadt hat ihre Eigenheiten, das ist okay", meint er grinsend.

Tischgespräche mit Asylsuchenden

Weitere Tischgespräche werden von Eugene Quinn und seiner Plattform **space and place** auch in ***magdas* Hotel** organisiert. Das Besondere an diesem Hotel: In der von der Caritas betriebenen Herberge arbeiten etwa 20 Flüchtlinge. Bei ***mag*das Social Dinner** treffen Wiener auf Asylwerber und auf Weltreisende. Die Gespräche finden auf Deutsch oder Englisch statt, die Veranstaltungen verlaufen nach dem gleichen Konzept wie die Vienna Coffeehouse Conversations.

Das Sprachencafé in Margareten

„Ich komme mit", schreibt Tjark auf einen Zettel und hält ihn mir unter die Nase. „Wie viel solch Trennverb es gibt?", fragt er. Ich schüttle nur den Kopf. „Ich weiß es nicht, aber es sind sehr, sehr viele." Jetzt habe ich ein paar arabischsprachige Männer ziemlich unglücklich gemacht. „Warum trennt ihr in Deutsch so viel Verb?", fragt Haias. „Ist so schwer."

Im **Kontaktepool Sprachencafé** im fünften Bezirk füllt jeden Mittwochabend ein Sprachengewirr die Räume. An rund 15 Tischen sitzen jeweils zwischen zwei und zehn Menschen verschiedenster Herkunft und unterhalten sich in der Tischsprache. *Türk, Farsi, Norsk, Italiano* oder *Español* steht zur Orientierung auf den Karten vor ihnen. Jede Gruppe hat einen Moderator, meistens ein Native Speaker der jeweiligen Sprache. Also fast jede Gruppe. An ein paar Tischen warten mehrere Migranten vergeblich auf einen deutschen Muttersprachler.

„Die Nachfrage für Deutsch ist sehr groß, da wir viel mit Migranten und Migrantinnen arbeiten. Wir haben aber oft zu wenig Deutschsprachige, die ehrenamtlich eine Moderation in ihrer Muttersprache anbieten wollen." Dabei könne diese Tischbetreuung jeder machen, normale Konversation reiche völlig, erklärt Projektorganisatorin Barbara Niklas. Bei der wöchentlichen Veranstaltung, die vom **Verein Station Wien** organisiert wird, ist der Eintritt gratis. „Unser Publikum ist bunt durchmischt. Jedes Alter, jede Herkunft, jeder Bildungshintergrund ist vertreten", so Niklas weiter. „Alle, die wollen, können einen Sprachentisch eröffnen. Sie sollten sich nur vorher aus Organisationsgründen mit mir in Kontakt setzen." Ein Sprachentisch wäre schon ab einem oder einer Lernwilligen möglich.

Die junge Türkin Nesli kommt seit einem Jahr regelmäßig ins Sprachencafé. „Ich treffe mich hier immer mit fünf bis acht Frauen, die meisten von ihnen sind Deutschlehrerinnen. Weil sie ihre Schüler besser verstehen wollen, lernen sie Türkisch." Nesli ist mit ihrer Gruppe auch schon in einem türkischen Restaurant gewesen. „Die Frauen konnten schon alles auf Türkisch bestellen", freut sie sich. „Jeder, der hier hereinkommt, macht ein fröhliches Gesicht. Es ist eine tolle Atmosphäre."

Die Spanischmoderatorin hat kurzfristig abgesagt. Hannes, der erst seit drei Monaten Spanisch lernt, die Serbin Jelena, die schon sehr gut spricht, und der junge Bolivianer Juan Carlos sitzen trotzdem an dem Tisch mit der *Español*-Karte und warten. „Ich bin eigentlich hier, um mein Deutsch zu verbessern", sagt Juan Carlos. Er hat aber noch keinen freien Platz an einem Tisch mit deutscher Sprache gefunden. „Dann rede ich mit euch in der Zwischenzeit ein bisschen Spanisch."

Im hintersten der drei Räume fallen mir vier arabisch aussehende Männer auf, die etwas verloren wirken. „Bitte mit uns Deutsch sprechen", sagt einer zu mir. „Warum eigentlich nicht?", denke ich und setze mich. Haias weiß, wie viel Einwohner die Wiener Bezirke haben, und zählt die österreichischen Bundesländer auf. Das hat er im Staatsbürgerkurs gelernt. „Wie heißt das ganz klein in Westen? Ich immer vergesse das." Ich schreibe „Vorarlberg" auf einen Zettel. „Ah, wie Berg", sagt er und zeichnet mit der Hand eine Erhebung nach. Er wolle unbedingt gut Deutsch lernen, aber es sei so schwer, mit Österreichern ins Gespräch zu kommen. „In der Straßenbahn reden Leute anders als in Deutschkurs, da versteh ich nix", erzählt er. „Die Norddeutschen verstehen uns auch nicht", tröste ich ihn und gebe ihm kurz eine Kostprobe meines Dialekts. „Wie in Straßenbahn", sagt er.

Der junge Hasim ist seit drei Monaten hier, kann sich dafür aber schon sehr gut verständigen. Er lerne mithilfe von Internetplattformen und schaut sich in einer Endlosschleife alle Folgen seiner Lieblingsserie *Friends* auf Deutsch an. Am liebsten mag er die Serienfigur Joey, „weil der so gut mit Frauen sprechen kann". Der 18-jährige Farid kann erst ein paar Worte. Er schafft es aber, zu erklären, dass er gerne Automechaniker werden will. Er ist ohne seine Familie in Österreich. Sie alle möchten in Österreich bleiben und hier Arbeit finden. „Aber zuerst muss ich Deutsch sprechen", betont Haias. Die anderen nicken.

Das Museum für Plansprachen

Die Plansprache Esperanto wurde vom polnischen Augenarzt Ludwik Lejzer Zamenhof initiiert, um einen Beitrag gegen Krieg und Gewalt zu leisten. Er wollte eine einheitliche und leicht erlernbare Zweitsprache schaffen, um zur Verständigung der Völker beizutragen. 1887 veröffentlichte er unter dem Pseudonym Doktoro Esperanto das erste Lehrbuch in vier Sprachen. Das dünne, alte Büchlein ist im **Esperantomuseum** in der Wiener Innenstadt ausgestellt.

Esperanto hat eine einfache Lautstruktur, wenig Grammatikregeln und klingt ein bisschen wie Italienisch. Die Plansprache war zu Beginn des vorigen Jahrhunderts die Sprache der Völkerverständigung und der Friedensbewegung. Als die Nationalsozialisten an die Macht kamen, wurden Esperanto-Vereine aufgelöst, die Sprecher überwacht und einige sogar im KZ ermordet.

Das Museum stellt neben Esperanto auch noch andere Plansprachen vor, Textbeispiele können wir uns über Kopfhörer anhören. Zum Beispiel Ido, das 1907 veröffentlicht wurde und sich vor allem in Frankreich rasch verbreitet hat. Fast modern ist dagegen Klingonisch, bekannt aus der Serie *Star Trek*. Es wurde 1984 von dem US-Sprachwissenschaftler Marc Okrand für die Science-Fiction-Filme geschaffen. Fans der

Serie lernen und nutzen die Sprache bis heute untereinander. Einmal im Jahr, während der Langen Nacht der Museen, findet im Esperanto-Museum ein Klingonisch-Crashkurs für alle Interessierten statt.

Die Sprache des Friedens lernen

„Esperanto ist keine Nationalsprache", betont Buchhändler Kurt Lhotzky (Foto links). „Mit dieser Sprache kann man auf gleicher Augenhöhe mit Menschen auf fünf Kontinenten kommunizieren." Sein Kollege von der gemeinsamen **Esperanto-Lerngruppe**, Uwe Stecher vom Österreichischen Esperanto-Verband, nickt zustimmend. Zweimal im Monat trifft sich eine Gruppe von Esperanto-Sprechern in der Buchhandlung bzw. dem Café **Lhotzkys Literaturbuffet** in der Wiener Leopoldstadt, um gemeinsam Wortschatz und Grammatik der Plansprache zu trainieren. Das Niveau der einzelnen Teilnehmer sei zum Teil recht unterschiedlich, erzählen die beiden Herren. „Jeder unterstützt jeden. Blutige Anfänger sind genauso willkommen wie langjährige Praktiker."

Wieso lernen Menschen das künstliche Wortgut, wo es doch genügend lebende Sprachen zum Pauken gebe? „Weil es keinen Unterlegenen gibt", erklärt Lhotzky. „Bei Esperanto hat niemand einen Vorteil, es ist demokratisch, weil es jeder von Grund auf lernen muss." Er und Stecher hätten durch Esperanto Menschen aus aller Welt kennengelernt. Bei der Organisation **Pasporta Servo** können die Sprecher Mitglied werden und ähnlich wie beim Couchsurfen gratis bei anderen Esperantisten weltweit übernachten. „Außerdem vergeht fast kein Tag, an dem nicht irgendwo ein Esperanto-Treffen stattfindet", sagt Stecher.

Noch vor ein paar Jahren sei Esperanto hauptsächlich ein Pensionistenhobby gewesen, meint Lhotzky. Mittlerweile würden wieder viele Junge durch die Lernplattformen im Internet die Plansprache entdecken. Weltweit gibt es eine Esperanto-Sprachgemeinschaft von ein paar Hunderttausend Menschen in etwa 120 Ländern, Tendenz steigend. Zudem wurden etwa 10.000 Bücher in Esperanto geschrieben oder übersetzt, dazu kommen etliche Lieder, Theaterstücke und Reime. Wer Lesestoff sucht, ist ebenfalls in Lhotzkys Literaturbuffet gut aufgehoben. Hier lagern mehr als 500 Esperanto-Bücher, damit ist das Geschäft vermutlich die Buchhandlung mit dem größten Angebot an Esperanto-Literatur in Österreich.

Führungen durch die UNO-City

Ein Anziehungspunkt für Kosmopoliten ist wohl auch das Vienna International Centre (VIC) in der Donaustadt, im Volksmund besser bekannt als **UNO-City**. Wien ist einer der vier offiziellen Amtssitze der Vereinten Nationen, seit 1979 sind in dem architektonisch beeindruckenden Gebäude zahlreiche internationale Organisationen untergebracht.

Viele Wiener kennen die UNO-City nur von außen als Teil der Donau City, die sich als imposante Kulisse im Wasser der Neuen und der Alten Donau spiegelt. Dabei werden für Besucher mehrmals täglich Führungen abgehalten, bei denen sie etwas über die Arbeit der UN-Organisationen erfahren und einen großen Teil des Gebäudes, einen Konferenzsaal und Teile der Kunstsammlung der Vereinten Nationen besichtigen können.

Kulinarisches

Die Chefin des **Neni** trägt die Rezepte für ihre Lokale gerne selber aus unterschiedlichen Ländern zusammen. In der Location am Naschmarkt wird Feines aus der israelischen, orientalischen und asiatischen Küche angeboten. Wer einen Platz im dazugehörigen Schanigarten erwischt, kann das bunte Treiben am Naschmarkt beobachten.

Das **Weltcafé** am Alsergrund gilt als Szenetreff für ein entwicklungsinteressiertes Publikum, in dem nur fair gehandelte Produkte und Bioware verkauft werden. Das Lokal zeichnet sich durch gemütliche Sitzgelegenheiten, weltoffene Atmosphäre und eine kulinarische Reise um die Welt aus. Zudem werden allerlei Veranstaltungen wie Lesungen, Diavorträge, Kinoabende oder Ausstellungen angeboten.

INFO!

Vienna Coffeehouse Conversations: Termine und Anmeldung laut Homepage. www.spaceandplace.at/vienna-coffeehouse-conversations-de

***mag*das Salon in *mag*das Hotel:** Laufenbergergasse 12, 1020 Wien. spaceandplace.at/magdas-dinner, www.magdas-hotel.at, www.magdas-kantine.at

Vereinslokal Station Wien: Einsiedlerplatz 5 (Eingang Gießaufgasse), 1050 Wien. Sprachencafé: jeden Dienstag und Mittwoch von 17:00–20:00 Uhr, ausgenommen Ferien. Die angebotenen Sprachen werden jede Woche im Internet oder auf Facebook angekündigt. Wer selbst einen Sprachentisch moderieren möchte, sollte das vorher per E-Mail bei der Projektorganisation ankündigen. Deutsch-Moderatoren sind besonders gefragt.
www.stationwien.org/projekte/sprachencafe.html

Esperantomuseum: Palais Mollard, Herrengasse 9, 1010 Wien.
www.onb.ac.at/esperantomuseum.html

Lhotzkys Literaturbuffet: Taborstraße 28, 1020 Wien (Eingang Rotensterngasse). Lernrunde findet in jeder ungeraden Kalenderwoche am Freitag um 19:00 Uhr statt. Teilnahme kostenlos, Anmeldung nicht notwendig.
www.literaturbuffet.com

Vienna International Centre: Visitors Service, Wagramer Straße 5, 1220 Wien. Führungen für Einzelpersonen und Gruppen unter 10 Personen auf Englisch und Deutsch, Montag bis Freitag um 11:00, 14:00 und 15:30 Uhr (keine Anmeldung erforderlich). Taschen- und Ausweiskontrolle beim Eingang.
www.unis.unvienna.org/visit

Neni: Naschmarkt, Stand 510, 1060 Wien. www.neni.at/naschmarkt

Weltcafé: Schwarzspanierstraße 15, 1090 Wien. www.weltcafe.at

KLANGREISE & HÖRGENUSS

Wien für MUSIKBEGEISTERTE

Die Wiener Philharmoniker dirigieren, einen Walzer mit Würfeln komponieren, Beethovens Hörverlust akustisch nachvollziehen oder Mozart als Marionette erleben – in der Welthauptstadt der Musik ist alles möglich.

13 Klaviertasten auf bewegungssensitiven Stufen verwandeln unsere Schritte auf der Feststiege, die in den ersten Stock führt, in die Klänge einer Tonleiter. Das **Haus der Musik** in der Wiener Innenstadt ist im ehemaligen Palais Erzherzog Carls untergebracht. Auch Otto Nicolai (1810–1849), der Gründer der Wiener Philharmoniker, hat sechs Jahre lang hier gelebt. Das historische Gebäude beherbergt seit der Jahrtausendwende eines der innovativsten Museen der Stadt. Interaktiv und multimedial bringt es auf über 3000 Quadratmetern den Besuchern die Geschichte der Musik und die Welt der Klänge auf spielerische Weise näher.

So komponieren wir mit Würfeln unseren eigenen Walzer oder tauchen in die Klangwelt eines Embryos ein. Der Herzschlag eines Babys, der Atem der Schwangeren und die Ultraschallbilder aus dem Mutterleib wurden vor 15 Jahren im AKH Wien aufgenommen und hier kompositorisch erweitert. Wer den Kopf auf den Boden legt, nimmt die pränatalen Vibrationen noch intensiver wahr. In der Klanggalerie mischen wir an Terminals die eigenen Stimmen mit Umweltklängen, wir erleben Körper- und Alltagsgeräusche wie Schnäuzen, Furzen und Niesen oder weniger Profanes wie die Schreie eines Affen, der in das Weltall geschossen wurde.

Den großen Meistern der österreichischen Musikgeschichte ist eine eigene Etage gewidmet. Hier trifft Historisches auf modernste Technik. Mozart, Beethoven, Haydn, Strauß (der Sohn) und Schubert schweben zur Begrüßung als Hologramme in Vitrinen. Von Wolfgang Amadeus Mozart und seiner Ehefrau Constanze wurden anhand von Briefen und Erzählungen Phantombilder angefertigt, die wie Fotos aussehen und überdimensional in einem Schauraum ausgestellt sind. Die Anregung dazu stammt vom wohl berühmtesten Porträt des Salzburgers, das jede Mozartkugel schmückt. Dieses ist ebenfalls ein Phantombild und wurde im Jahr 1819 nach Beschreibungen seiner Schwester Nannerl gemalt. Zu diesem Zeitpunkt war der Komponist bereits 28 Jahre tot. Vor allem Kinder lieben die Station „Facing Mozart", die die eigene Mimik via Facetracking auf sein Porträt zaubert.

Beethovens zunehmende Taubheit wird den Besuchern mittels Hörrohren vermittelt. Im Laufe der Zeit werden seine Kompositionen immer leiser, das letzte Rohr bleibt stumm, sein tragischer Hörverlust ist gut nachvollziehbar. Die heiteren Klänge von Schubertiaden und Walzern begleiten uns im Anschluss bis zum virtuellen Sahnehäubchen des Museums: Dank einer eigens entwickelten Technik werden wir die Wiener Philharmoniker dirigieren!

Wir stehen vor der Videoproduktion des Orchesters und wählen auf einem Touchscreen aus mehreren Musikstücken. Nachdem wir uns für die *Annen-Polka* entschieden haben, gibt der Dirigent Zubin Mehta Instruktionen. Je schneller die Bewegung, desto mehr erhöht das Orchester sein Tempo und umgekehrt. Der Maestro wünscht viel Glück und wir schwingen den Taktstock zur Musik von Johann Strauß. Die Philharmoniker folgen uns, bis wir aus dem Takt fallen. Plötzlich verstummt die Polka und die Musiker werden ungehalten. Einer der Herren erhebt sich und bläst uns verbal den Marsch: „Bitte, was machen Sie da? Wenn Sie wollen, dass wir die *Annen-Polka* spielen, dann dürfen Sie nicht *La Cucaracha* dirigieren." Seine Kollegen stehen ebenfalls auf und klopfen aus Protest über unseren Dilettantismus mit ihren Bögen auf die Notenständer. Die Philharmoniker dürfen ihren Chef übrigens selbst wählen. Wir kämen da wohl nicht in die engere Wahl.

Das ganze Jahr die Zauberflöte

Mehrmals pro Woche umgarnt Papageno im **Marionettentheater Schloss Schönbrunn** die schöne Papagena, die Königin der Nacht schmiedet ihre Ränke und Prinz Tamino spielt auf seiner Zauberflöte. Die gleichnamige Oper von Wolfgang Amadeus Mozart wurde 1791 in Wien uraufgeführt und gehört zur Donaumetropole wie das Wiener Schnitzel und die Melange.

Während der zweistündigen Aufführung für Erwachsene agieren die Marionetten zu den Arien und der Musik einer Aufnahme aus dem Jahr 1994, in der viele Mitglieder der Wiener Staatsoper mitwirken. Die liebevoll angefertigten Figuren in aufwendigen Kostümen, denen unsichtbare Fädenzieher unfassbar viel Leben einhauchen, bezaubern. Die theatralischen Gesten der menschlichen Opernstars werden gekonnt nachgeahmt und die ganze emotionale Bandbreite von Trauer, Wut, Liebe und Hass in die märchenhaften Gliederwesen aus Holz gezaubert.

Das Bühnenbild mit der modernen Licht- und Tontechnik überrascht uns bei jedem Szenenwechsel und ist eine Hommage an Schönbrunn. Die Römische Ruine, der Tiergarten und der Park bilden den vertrauten Hintergrund und auch die Tiere des Zoos haben einen grandiosen Gastauftritt (Fotos unten und Seite 102).

Nachdem die Paare auf der Bühne endlich glücklich vereint sind und der Vorhang gefallen ist, werden die Zuseher eingeladen, einen Blick hinter die Kulissen zu werfen. Dort hängen die hölzernen Unikate, die die vergangenen zwei Stunden die Schwerkraft außer Kraft gesetzt haben, stumm und starr von der Decke, während Marionettenspielerin Christine Hierzer-Riedler Fragen des Publikums beantwortet.

„Wir spielen die Zauberflöte das ganze Jahr, in einem großen Theater ist das nicht möglich", erklärt sie. Gemeinsam mit ihrem Geschäftspartner Werner Hierzer hat sie das Marionettentheater in Schönbrunn vor 20 Jahren gegründet, vorher spielten sie 20 Jahre in Salzburg. „Zusammen haben wir 80 Jahre Berufserfahrung", sagt sie lachend. Das Team besteht derzeit aus 15 Spielern, viele von ihnen sind schon über 15 Jahre im Ensemble.

Die Spieltechnik ist äußerst anspruchsvoll, muss wie ein Instrument gelernt werden und wird „Deutsches Kreuz" genannt. Der Marionettenspieler hat stets alle Fäden im Griff, das können pro Figur immerhin bis zu 18 sein. Für den umtriebigen Papageno und sein Glockenspiel sind beispielsweise 15 Fäden nötig. In dieser Inszenierung der *Zauberflöte* von Gerhard Tötschinger werden mehr als 30 Figuren im Laufe des Stücks von menschlichen Fädenziehern zum Leben erweckt. „Ein halbes Jahr dauert es, bis man mit einer Marionette gehen, drei Jahre, bis man sie einigermaßen spielen kann", erläutert Profi Hierzer-Riedler. „Und ab dann lernt man nie aus." Die Bezeichnung „Puppe" für ihre Marionetten lehnt sie konsequent ab.

Mit Kinderaufführungen sollen auch Kinder an die Oper herangeführt werden. Neben adaptierten Versionen der *Zauberflöte* und der *Fledermaus* steht auch *Hänsel und Gretel* auf dem Spielplan. Bei den einstündigen Aufführungen begleiten die Komponisten die Kleinen höchstpersönlich durch ihre Stücke.

Kirche, Kursalon und Keller

Die **Konzerte in der Karlskirche** sind ein ganz besonderer Ohrenschmaus. Seit 2006 werden regelmäßig im edlen Rahmen der Barockkirche Mozarts *Requiem,* Antonio Vivaldis *Vier Jahreszeiten* und Franz Schuberts *Ave Maria* aufgeführt. Fast 40 Musiker spielen auf historischen Instrumenten, sodass das Orchester speziell bei Mozarts *Requiem* in Besetzungsgröße, Ambiente und Klang der Uraufführung entspricht. Nirgendwo in Wien rockt Amadeus authentischer.

Im **Kursalon im Stadtpark** führte einst Walzerkönig Johann Strauß sein Orchester. Heute kann man vom berühmten Palais aus direkt auf seine vergoldete Statue blicken, vor der sich Touristen so gerne fotografieren lassen. Das **Salonorchester Alt Wien** spielt hier laufend die schönsten Werke von Strauß

und Mozart. Die Konzerte sind auch mit einem mehrgängigen Dinner kombinierbar.

Und auch hier trifft heimische Musik auf heimische Kulinarik: Die **Austrian Dinner Show** in den Kellergewölben des Wiener Rathauses führt musikalisch von Tirol nach Salzburg, vom Salzkammergut über die Wachau bis nach Wien. Zu Landler, Polka oder Wiener Walzer werden typische österreichische Gerichte wie Rindsrouladen serviert.

Am Himmel und im Untergrund

Die Klänge von Mozart, Gustav Mahler oder Johann Sebastian Bach verwandeln das Areal **Am Himmel** in regelmäßigen Abständen in einen himmlischen Platz für Musikfreunde. Der Lebensbaumkreis und das dazugehörige Amphitheater (siehe Foto Seite 108) auf der Kuppel der Himmelwiese werden nachmittags von über 40 Lautsprechern mit Musik bespielt. Die gleichfalls 40 Bäume des Lebensbaumkreises symbolisieren den Verlauf eines Jahres und erzählen mithilfe eingebauter Bewegungsmelder ihre Geschichte. Verschiedenen Zeiträumen und Geburtsdekaden wird ein Baum zugeordnet – jeder Besucher findet hier seinen Lebensbaum, der ihm seine Charaktereigenschaften verrät. Der Blick auf die Weingärten und die Stadt ist ein zusätzlicher Besuchermagnet, der mit klassischer Untermalung noch stimmungsvoller ist.

Zurück im Zentrum lockt unter dem Opernring der Donauwalzer notdürftige Musikliebhaber in ein öffentliches WC der besonderen Art: In der **Opera Toilet Vienna** in der Passage der U-Bahn-Station Karlsplatz schreiten die Besucher über einen roten Teppich, angelehnt an das Ambiente eines Opernhauses. Klassische Musik und Opernplakate unterhalten, während die Notdurft verrichtet wird.

Kulinarisches

Die Wände in **Peter's Operncafe** sind mit Bildern und Autogrammen diverser Opernkünstler tapeziert, das Gästebuch liest sich wie das Who's who der Wiener Staatsoper und so mancher Opernfan sitzt mit geschlossenen Augen vor seinem Weinglas und lauscht andächtig den Arien aus den Lautsprechern. Besitzer Peter Hartauer gründete das Café vor mehr als drei Jahrzehnten als Ort der Begegnung für Freunde der Oper. Zu späterer Stunde kommen auch Opernstars gerne in das zentral gelegene Lokal auf einen nächtlichen Imbiss vorbei.

Das Package **Dinner und Konzert** verspricht Musikfreunden zweifachen Genuss an einem Abend: Zuerst wird den Gästen ein exklusives Menü in einem Restaurant im Areal des Schlosses serviert, anschließend spielt das Schönbrunner Schlossorchester in der Orangerie Musik von Mozart und Strauß.

INFO!

Haus der Musik: Seilerstätte 30, 1010 Wien. www.hausdermusik.com

Marionettentheater Schloss Schönbrunn: Hofratstrakt, 1130 Wien. Neben den ständigen Aufführungen ist es für Gruppen auch möglich, einen Workshop zu buchen. Inkludiert sind ein Blick hinter die Kulissen und ein Selbstversuch als Marionettenspieler. www.marionettentheater.at

Konzerte in der Karlskirche: 1040 Wien. www.konzert-wien.info

Sound of Vienna: Strauss & Mozart Konzerte im Kursalon, Johannesgasse 33, 1010 Wien. www.soundofvienna.at

Austrian Dinner Show: Rathausplatz 1, 1010 Wien. März bis Oktober. www.austriandinnershow.at

Am Himmel: Himmelstraße/Ecke Höhenstraße, 1190 Wien. Erreichbar mit der Autobuslinie 38A. Termine und Musikprogramm laut Homepage. www.himmel.at

Opera Toilet Vienna: Opernpassage, Opernring, 1010 Wien.

Peter's Operncafe: Riemergasse 9, 1010 Wien. www.petersoperncafe.at

Dinner und Konzert: Orangerie im Schloss Schönbrunn, 1130 Wien. www.imagevienna.com/de/packages/abend-in-schoenbrunnpackage-1-dinner-und-konzert.html

MONDSÜCHTIG

Wien für NACHTEULEN

Die Sternwarte mitten in der Stadt offenbart die gestochen scharfe Kraterlandschaft auf dem Mond, im Tiergarten Schönbrunn tauchen wir in die Welt schlafender und nachtaktiver Tiere ein, in einer Vollmondnacht im Sommer schippern wir mit einer Flasche Prosecco auf der Alten Donau.

„Die Plejaden sind eine Gruppe von Sternen, ein sogenannter Sternhaufen", erklärt Herbert Smutek und zeigt auf den nächtlichen Himmel über Wien. „Dieser Sternhaufen ist vor relativ kurzer Zeit entstanden." Mit „kurz" meint er etwa 100 Millionen Jahre. Wenn ein Astronom Begriffe wie „jung" oder „nah" verwendet, folgt meistens eine konkrete Zahl, die für den Laien in ihrer Größe nicht fassbar ist. Diese Plejaden zum Beispiel sind 443 Lichtjahre von der Erde entfernt. „Das Licht bewegt sich 300.000 Kilometer pro Sekunde und legt in einem Jahr neuneinhalb Billionen Kilometer zurück", erläutert der Experte.

Um uns diese Dimensionen irgendwie begreifbar zu machen, veranschaulicht er, was ein Lichtjahr überhaupt ist. Und zwar anhand eines Gasnebels, der von vier kleinen Sternen zum Leuchten gebracht wird und ungefähr 1300 Lichtjahre entfernt ist. „Wenn wir den Nebel so sehen wollen, wie er am heutigen Tag ist, müssten wir 1300 Jahre warten."

Die **Urania Sternwarte** ist die älteste und zugleich modernste Volkssternwarte Österreichs. Ein computergesteuertes Linsen- und Spiegelteleskop in der sich drehenden, geöffneten Beobachtungskuppel auf dem Dach ermöglicht den Teilnehmern der Führung „Himmelsblicke" einen je nach Gerät etwa zweihundertfach vergrößerten Ausblick auf die Gestirne.

Heute würde man keine Sternwarte mehr mitten in der Stadt bauen, gesteht Herbert Smutek. Durch die zentrale Lage bietet die Location zwar einen perfekten Ausblick auf die Lichter der Großstadt, doch diese beleuchten auch den Himmel von unten. Dadurch entsteht ein künstlicher Vorhang, eine Art Trauerschleier. Zudem ist der Hochnebel im Wiener Becken für eine gute Sicht auf den Nachthimmel nicht gerade förderlich. Die Fernrohre auf dem Dach der Urania verfügen allerdings über so hohe Brennweiten, dass dieser „urbane" Nachteil ausgeglichen wird.

Während die **Kuffner Sternwarte** in Ottakring für Wissenschaftler gebaut wurde und seit 1947 als Institut der Volksbildung betrieben wird, war die Urania von Anfang an als Volkssternwarte geplant. „Sie wurde 1910 eröffnet und musste für die Bürger leicht erreichbar sein", erklärt Smutek. „Aber wenn die Sicht gut ist, kann man trotzdem sehr viel erkennen." Besonders günstig sei es, „wenn der Mond ein Kipferl ist", so der Experte. Bei Vollmond sei der Himmel so hell erleuchtet, dass die Sicht schlechter sei.

Smutek selbst entdeckte seine Leidenschaft für Himmelskörper bereits in jungen Jahren, seit 1980 bringt er Laien den Sternenhimmel näher. „Ich war zwölf, als ich auf der Kuffner Sternwarte den Jupiter mit seinen Monden durch das Teleskop sehen konnte. Es war auch unglaublich faszinierend, den Saturn zu beobachten." Seine Jugend habe er auf Sternwarten statt in Diskotheken verbracht. „Ich habe mir selber einen Apparat gebaut, mit dem ich ausrechnen konnte, wann die Jupitermonde wo stehen werden." Damals begeisterte er den Professor der Kuffner Sternwarte mit seinen Messungen. „Heute braucht ein Computer weniger als eine Sekunde, um das zu berechnen."

Gestochen scharf ist sie, die Kraterlandschaft auf dem Mond, als ich durch das Teleskop in der Beobachtungskuppel blicke. Ich habe noch Glück, denn in ein paar Sekunden wird sich eine Wolke vor den Erdtrabanten schieben. Diesen Himmelskörper sieht man von allen am besten, ist er doch nur 384.400 Kilometer von der Erde entfernt. Eine Distanz, die für mich unvorstellbar ist. Für einen Astronomen ist sie lediglich ein Katzensprung in den Weiten des Universums.

Nachts im Zoo

„Es gibt keine Garantie, dass wir alle Tiere auf der Route sehen werden, aber weil das Wetter schön ist, stehen die Chancen besonders gut", sagt Lillith und teilt Nachtsichtgeräte aus. Die junge Zoopädagogin ist heute quasi unser Kompass durch den nächtlichen Zoo. Im **Tiergarten Schönbrunn** führen nach Einbruch der Dunkelheit Guides durch die erstaunliche Welt schlafender oder nachtaktiver Tiere.

Es ist ein einzigartiges Gefühl, im menschenleeren Zoo unterwegs zu sein. Wir hören nur das Geräusch unserer Schritte und zwischendurch ein paar Tierlaute, die für einen Laien keiner Spezies zuzuordnen sind. Wir beginnen die Tour bei den Waldrappen und einer Lemurenart, den Kattas. Durch die Nachtsichtgeräte werden die Tiere in ein grünliches Licht getaucht. Während sie schlafen, legen sich die Feuchtnasenaffen aus Madagaskar ihren unverkennbaren schwarz-weiß geringelten Schwanz um den Nacken, um sich vor Greifvögeln zu schützen. In ihrem Gehege ist das eine sehr theoretische Gefahr, doch einige Kattas halten hier an der überlebenswichtigen Gewohnheit ihrer Artgenossen in freier Wildbahn fest. Genauso wie der benachbarte Waldrapp: Einer der glatzköpfigen Ibisse bewacht den Schlaf seiner Schar.

Wir haben weiter Glück an diesem Abend, denn die alte Koaladame Mirra Li ist für ihre Verhältnisse gerade sehr umtriebig. Sie sitzt auf einem Baum, frisst Eukalyptus, das Hauptnahrungsmittel der Beuteltiere, und sieht dabei einfach zum Knuddeln aus. In der Nachbaranlage macht ihr männliches Pendant, Wirri Wirri, genau das, was seine Art meistens tut: Er schläft tief und fest. Koalas schlafen bis zu 20 Stunden täglich, sind eigentlich träge und verlassen ihren Baum nur ungern. „Wirri Wirri" bedeutet in der Sprache der Aborigines „Wirbelsturm". Wer immer den Koala benannt hat, hat seinen Sinn für Ironie bewiesen.

Das genaue Gegenteil der verschlafenen Koalas ist die rastlose Giraffe. Irgendwie kann einem der Langhals ja fast leidtun, denn eine Giraffe schläft nur rund eine halbe Stunde pro Nacht - und das auch noch im Stehen. In Tiefschlaf fällt sie immer nur für ein paar Minuten. Liegt sie zu lange, bekommt sie Kreislaufprobleme. Zudem fällt dem Tier das Aufstehen schwer, muss es doch bis zu 600 Kilogramm hochhieven. Das Giraffenleben hat dennoch positive Seiten: Die Tiere sind pausenlos mit Fressen und Wiederkäuen beschäftigt, und zwar jeden Tag etwa 15 Stunden lang.

Ausschließlich nach Einbruch der Dunkelheit sind die Nilflughunde zu sehen. Wir müssen uns in einem Windfang sammeln, bevor wir ihr Gehege betreten dürfen, das sie sich mit einer dreiköpfigen Flusspferdfamilie teilen. Die tonnenschweren Dickhäuter grunzen im Schlaf, während die Fledertiere ihre Runden drehen. Ihre Kreise ziehen sie nur nachts, tagsüber hängen sie versteckt in einer Felsspalte.

Der letzte Stopp ist das Wolfsgehege. Wir freuen uns auf die heulenden Arktischen Wölfe im Mondlicht. Doch hier ist es heute ruhig, ein Teil des Rudels ruht aneinandergeschmiegt zwischen den Bäumen, nur zwei der Wölfe streifen still im Wald herum. Ihr weißes Fell ist in der Nacht besonders gut auszumachen. „Sie heulen, um ihr Revier abzusichern, oder vor der Jagd", erklärt Lillith. „Die Geschichte mit dem Mond ist nur ein Mythos." Schade eigentlich. Das Heulen der Wölfe hätte in diesem Augenblick gut zu dieser unbeschreiblichen Atmosphäre gepasst.

Bei Vollmond und Feuerwerk auf der Alten Donau

Das himmlische Abendrot auf der **Alten Donau** geht langsam in die blaue Stunde über, dieses kurze und poetische Zeitfenster während der Dämmerung nach Sonnenuntergang. Wir schippern mit einem Ruderboot auf der Alten Donau. Es ist angenehm ruhig, nur das leise Klirren unserer Prosecco-Gläser ist zu hören. Die Badenden sind schon nach Hause gefahren oder in eines der zahlreichen Lokale in Wassernähe eingekehrt und die meisten Gelsen haben für heute genug Blut gesaugt. Nur ein paar Schwäne und einige andere Boote kreuzen unseren Weg. In der Ferne leuchten die Lichter der Stadt auf und spiegeln sich im Wasser.

Für die **Vollmondfahrt** auf der Alten Donau verlängern die Bootsvermieter im Sommer ihre Öffnungszeiten und verleihen Ruder-, Elektro- und Tretboote bis 23 Uhr. Das Angebot wird besonders gerne von romantischen Nachteulen genutzt, die das sanfte Mondlicht am Wasser genießen. Für den romantischen Bootstrip können vor Ort gefüllte Picknickkörbe erworben werden.

Einmal im Jahr wird das Gewässer zur Partymeile. Zwischen Gänsehäufel und Angelibad sorgen beim **Lichterfest an der Alten Donau** ein Riesenfeuerwerk, Gondeln, mit Lampions geschmückte Boote und DJs von Radio Wien für ein Riesenspektakel. Meist gibt es einen Termin im Juli und im Falle von Schlechtwetter einen Ersatztermin im August. Wer in einem Lokal direkt am Wasser sitzen oder ein Boot mieten möchte, sollte rechtzeitig reservieren. Alle anderen Schaulustigen müssen sich im Gedränge einen Platz am Ufer suchen.

Nächtliche Streifzüge in die Natur und im Naturhistorischen Museum

Der Österreichische Touristenklub ÖTK bietet spezielle Nachteulentouren in Wien an, damit die Teilnehmer die Natur einmal anders und noch intensiver wahrnehmen können. Ausgestattet mit Taschen- oder Stirnlampen und festen Schuhen erkunden die Wanderer in den Abendstunden die schönsten Ausflugsziele Wiens. Am Programm stehen zum Beispiel die Lobau, der Hermannskogel, der Bisam- oder der Wilhelminenberg.

Das **Naturhistorische Museum Wien** (NHM) bietet einmal monatlich ab 22 Uhr den geführten Streifzug **Darkside** an. Dabei gibt es nur zwei Lichtquellen: die Taschenlampen der Besucher und das Mondlicht, das von draußen hereinscheint. Nachtaktive Tiere wie Totenkopfäffchen, Wölfe, Fledermäuse, Eulen und Uhus werden vorgestellt, im Anschluss gibt es für die Teilnehmer einen Punsch auf dem Dach mit Blick über das nächtliche Wien.

Die Veranstaltung **Eine Nacht im Museum** im NHM findet nur selten statt, ist dafür aber ein ausgesprochenes Highlight. Die Erwachsenenvariante inkludiert eine Liveshow im Digitalen Planetarium, ein Galadinner in der

Kuppelhalle, eine Taschenlampentour durch die Schausammlung, eine Dachführung mit Sekt und Blick auf das nächtliche Wien, eine Übernachtung im Sauriersaal und Frühstück in der Kuppelhalle.

Kulinarisches

Das **goodmann** beim Naschmarkt ist Restaurant, Cocktailbar und Diskothek zugleich und zeichnet sich vor allem durch seine Öffnungszeiten aus. Das Lokal sperrt um zwei Uhr in der Früh (!) auf, schließt zu Mittag und ist nicht nur zum Absacken geeignet, sondern auch für den nächtlichen Hunger. Von Steaks über Burger bis zum Frühstücksbuffet reicht das Angebot auf der Speisekarte.

Für Nachteulen, die das Rustikale lieben, eignet sich das **Mozart's** (früher bekannt als Mozartstüberl) in Rudolfsheim-Fünfhaus. Alt-Wiener Küche und Burger bis in die frühen Morgenstunden, urige Atmosphäre, eine dazugehörige Bar und moderate Preise zeichnen das Wirtshaus aus.

INFO!

Urania Sternwarte: Uraniastraße 1, 1010 Wien (Eingang Turmstiege).

Kuffner Sternwarte: Johann-Staud-Straße 10, 1160 Wien.
Die Führung „Himmelsblicke" wird bei klarem Himmel abwechselnd in den beiden Sternwarten angeboten. Homepage: www.planetarium.wien

Nachtführungen im Tiergarten Schönbrunn: Maxingstraße 13 b, 1130 Wien.
Täglich, Dauer 1,5 Stunden, Beginn je nach Jahreszeit zwischen 19:00 und 22:00 Uhr. Anmeldung erforderlich.
www.zoovienna.at/fuehrungen/nachtfuehrung

Alte Donau: 1220 Wien. Boote sind zwischen 19:00 und 23:00 Uhr für einen Pauschalpreis zu mieten.
www.alte-donau.info. www.alte-donau.info/veranstaltungen.htm

Österreichischer Touristenklub ÖTK:
www.oetk.at/kurse-touren/wandern/nachtwandern

Naturhistorisches Museum Wien: Burgring 7, 1010 Wien. www.nhm-wien.ac.at

robert goodmann: Rechte Wienzeile 23, 1040 Wien.
www.goodmann.at

Mozart's: Haidmanngasse 8, 1150 Wien. Geöffnet täglich 18:00–6:00 Uhr.
www.mozartsvienna.com

SÜSSE VERFÜHRUNG

Wien für NASCHKATZEN

Wir begeben uns auf die Spuren des original Wiener Apfelstrudels, besuchen eine Zuckerlmanufaktur mit Schauraum und verkosten prämierte Schokolade mit gutem Gewissen.

Zuckerbäcker, Konditoreien, Kaffeehäuser mit ausgiebiger Patisseriekarte und Süßigkeitenshops säumen die Gassen und Straßen von Wien. Nicht umsonst ist unsere Hauptstadt für ihre Mehlspeisen weltberühmt. Wo also mit der Recherche anfangen?

Am besten, man sucht sich einen Spezialisten. Zum Beispiel Genussguide Susanne Prochaska, die neben anderen Touren auch durch **das süße Wien** führt. „Neben den Klassikern sind viele Süßspeisen durch Einwanderung oder durch Auswanderer, die wieder zurückgekehrt sind, entstanden", erzählt die Wienerin. In den nächsten Stunden spazieren wir mit ihr durch drei Bezirke, besuchen Lokale und Manufakturen, verkosten Pies, Waffeln, Palatschinken, Cupcakes und Strudel.

In den hippen Lokalen in der Nähe es Alten AKH im neunten Bezirk klappen die Studenten vom nahe gelegenen Campus mit Vorliebe ihre Laptops oder iPads auf. Sie sitzen im modernen Coffeeshop, in dem der Kaffee quasi neben den Gästen geröstet wird, oder in dem kleinen Restaurant gegenüber, wo eine große Auswahl an pikanten und süßen Pies auf der Speisekarte steht. „Der Mürbteig wird in einer Schüssel vorgebacken, anschließend gefüllt und zum Schluss mit einem Teigdeckel verschlossen", erzählt Prochaska. Weil die kleinen Mürbteiggerichte aus den USA in Wien keine Tradition haben, wollten die Lokalbesitzerinnen Einheimische zunächst mit Kalbsgulasch- und Blunzngröstl-Pies ködern. Die originellen Kombinationen konnten sich aber nicht durchsetzen.

Ausreichend Tradition umweht hingegen die Confiserie in der Josefstadt, in der seit 1932 Zuckerstangen, Pralinen, Seidenzuckerl, Lutscher oder Kokosbusserl verkauft werden. Hier hat Prochaska bereits als Kind mit leuchtenden Augen für ein paar Groschen Krachmandeln und Karamellbonbons gekauft. Etwa 40 Fachgeschäfte dieser Art soll es in Wien noch geben, in der Zwischenkriegszeit waren es um die Tausend.

Auch in einem gemütlichen Lokal nahe der Piaristenkirche Maria Treu wecken duftige Palatschinken mit Marillenmarmelade angenehme Kindheitserinnerungen an unsere Großmütter und ein Cupcake-Shop in der Josefstädter Straße katapultiert uns in eine liebliche Welt aus rosarot gestrichenen Wänden und Minitörtchen mit buntem Zuckerguss.

„Wir haben zu dritt wochenlang Apfelstrudel gekostet und mussten feststellen, dass es selbst in renommierten Kaffeehäusern keinen originalen gibt", erzählt Prochaska. Ein authentischer Apfelstrudel stehe und falle mit dem Teig. „Der Teig muss gezogen sein. Und in die Fülle gehören neben den Äpfeln auch Rosinen, Butterbrösel, Zimt und Zucker." Oft werde der Apfelstrudel gar mit Vanillesauce, Orangenspalten oder Ähnlichem serviert. „Das ist gut gemeint, hat aber nichts mit dem Originalrezept zu tun." In einem Kaffeehaus in der Josefstädter Straße haben die Guides schließlich einen Apfelstrudel gefunden, „der sich dem Original zumindest annähert". Aber die Suche wird wohl weitergehen, denn ganz zufrieden ist Frau Prochaska noch nicht.

Gutes Gewissen und göttliche Trinkschokolade

Das Göttergetränk der Maya und Azteken hieß „Xocolatl". Gemeint war damit die braune Masse, die aus der Kakaobohne gewonnen wurde. „Sie gehört zu den Superfoods, hebt die Stimmung, senkt Stress, macht freie Radikale im Körper unschädlich und hilft gegen Herz-Kreislauf-Erkrankungen." Während sie eine Schüssel mit Kakaobohnen herumreicht, zählt Ariadne die Vorteile des Snacks auf. Die junge Studentin führt durch die abendlichen Schokoladeverkostungen, die in unregelmäßigen Abständen im Shop **Schokov** am Spittelberg in Wien-Neubau stattfinden. „Darum muss man nicht jedes Mal ein schlechtes Gewissen haben, wenn man Schokolade isst." Grundsätzlich gilt: Je höher der Kakaoanteil, desto dunkler die Schokolade und desto gesünder ist sie auch.

Jeder der Teilnehmer sucht sich zu Beginn eine Tafel aus den ungefähr 200 verschiedenen Sorten aus, die Auswahl wird von Ariadne ergänzt und auf 20 aufgestockt. Diese Auswahl aus dem Schokov-Sortiment werden wir gemeinsam verkosten, allerdings nach einem vorgegebenen Ablauf: Wir naschen zunächst die hellen Schokoladen (Mohn und Zitrone, Brokkoli und gesalzene Mandeln ...), deren Hauptbestandteil Kakaobutter ist, schlemmen anschließend Milch- (Schichtnugat, Hollerröster ...) und dann die dunklen Schokoladen (Erdbeer-Pfeffer, Himbeer-Chili ...). Am Ende der Verkostungskette steht eine Hundertprozentige, die keinen Zucker mehr enthält. Die ist dann doch etwas sehr herb, aber dafür ist sie quasi fast schon Medizin.

Hinter der Verkaufstheke steht auf einer Tafel ein Zitat von Homer Simpson geschrieben: „Mmmmmmmh, chocolate!" Schokov-Besitzer Thomas Kovazh teilt die Meinung der Zeichentrickfigur. „Ich hab mein Schokoladengeschäft aus Egoismus aufgemacht", gesteht der ehemalige Werbetexter. „Ich wollte die Leute nicht nur mit Werbung pseudoglücklich machen, sondern richtig glücklich mit Schokolade."

Der kleine Laden ist quasi in zwei Territorien unterteilt, in ein heimisches und ein internationales. „Die österreichischen Hersteller machen gute befüllte oder bestreute Schokolade. International wird es interessant, wenn es um reine Schokolade von unterschiedlichen Plantagen geht", erklärt Kovazh.

Zum siebten Geburtstag hat sich der Süßwarenladen sieben eigens kreierte Tafeln geschenkt, seither kommt jedes Jahr eine neue dazu. Im September 2016 wird es zehn Schokov-Eigenproduktionen geben. Die sind auch international äußerst erfolgreich und haben bereits einige Chocolate Awards abgeräumt. Die Nummer 7, Rosmarin & Zitrone, war 2014/2015 sogar die meistprämierte im deutschsprachigen Raum. Apropos international: Die Trinkschokolade zum Mitnehmen wurde bereits in mehreren Reiseführern erwähnt und lockt immer wieder Touristen in den kleinen Shop. Zu Recht, sie schmeckt einfach fantastisch. Eben ein Getränk für Götter.

In der Zuckerlmanufaktur

Stephan Putick steht in der Küche seines Geschäfts in der Neubaugasse und erhitzt Wasser mit Zucker und Glucose auf etwa 140 Grad. Anschließend gießt er die klebrige Masse auf einen Granitstein im Verkaufsraum, der gleichzeitig Schauraum ist, und bearbeitet sie mindestens eine halbe Stunde. Passanten können ihn durch die Auslage beim Ziehen der Masse und beim Formen und Brechen der bunten Bonbons beobachten. Für seine Bonbonmanufaktur **NOBNOBs** (Fotos Seite 118 und 122) steht Putick zwischen sechs und acht Stunden täglich am Herd und an der Anrichte, um seine selbst kreierten Zuckerl und Lollis herzustellen.

„Ich habe Süßigkeiten schon als Kind geliebt. Aber meine Zähne haben darunter gelitten", erzählt der junge Wiener. „Deshalb produziere ich nur Zuckerl mit wenig Säuregehalt, die sind für die Zähne nicht so schädlich." Auf synthetische Farben und Aromen verzichtet er. Süßigkeiten mit dem Zuckerersatzstoff Birkenzucker sind in Planung. „Ich verwende ausschließlich natürliche oder naturidente Produkte", erklärt der Jungunternehmer weiter. Ungefähr 20 verschiedene Sorten habe er im Moment im Angebot. Die Auswahl klingt originell. Da gibt es zum Beispiel die Geschmacksrichtungen Curry-Mango-, Kokos-Zitrone-, Wiener-Melange-, Kakao-Chili- oder geröstete Kürbiskern-Vanille-Zuckerl im Angebot.

Workshops veranstaltet Putick ab einer Gruppe von fünf Personen. Die Teilnehmer dürfen Farben und Zutaten selbst aussuchen, aus denen sie unter Anleitung Zuckerstangen und Zuckerl produzieren. Von der Idee, Bonbons zu Hause zu produzieren, rät der Fachmann ab. „Ich habe in meiner Privatkü-

che eine Marmorplatte ruiniert, weil ich die Zuckermasse nicht mehr entfernen konnte. Auch Herdplatten und Töpfe überleben das Prozedere meist nicht."

Die süßesten Museen der Stadt

Die Confiserie **Heindl** verarbeitet in Liesing jährlich mehr als 460 Tonnen Schokolade zu feinsten Pralinen- und Konfektspezialitäten. In dem Wiener Großbetrieb befindet sich auch das süßeste Museum Wiens. In Heindls **SchokoMuseum** beobachten Besucher im Rahmen von Führungen die Herstellung von Klassikern wie „Mozart Kugeln" oder „Sissi Talern". Ergänzend gibt es viele Informationen über die Geschichte von Schokolade und wir besichtigen alte Maschinen, Pralinenverpackungen von anno dazumal sowie süße Kunstwerke. Besonders Kinder lieben die drei Schokobrunnen, in denen Vollmilch-, Edelbitter- und weiße Schokolade plätschert. Am Ende der Tour gibt es eine Verkostung von frischen Produkten. Zudem werden spezielle Workshops für große und kleine Naschkatzen angeboten.

Ein weiteres Museum für Schokoliebhaber findet sich in den unterirdischen Gängen der berühmten K. u. K. Hofzuckerbäckerei **Demel** in der Innenstadt. Einmal wöchentlich wird allen Interessierten bei einer Führung durch das **Demelmuseum** die traditionsreiche Geschichte des Hauses nähergebracht.

In den Gewölben unterhalb des Café Residenz im Schloss Schönbrunn wiederum werden in der Hofbackstube regelmäßig **Apfelstrudelshows** abgehalten. Ein Patissier bereitet stündlich einen original handgezogenen Wiener Apfelstrudel vor Publikum zu, nach der Show überreicht er den Besuchern das Originalrezept. Die besonders Ehrgeizigen haben zudem die Möglichkeit, ein **Apfelstrudelseminar** zu buchen. Die Teilnehmer verlassen das Seminar mit einem Diplom, das sie als echte „Wiener Apfelstrudelbäcker" auszeichnet.

Und noch mehr Süßes

In der Patisserie **Rori's finest sweets** in Wien-Margareten trifft seit 2011 französische Eleganz auf britisches Teehaus auf American Bakery. Die Mischung spiegelt sich sowohl in der Einrichtung als auch in den Rezepten wider. In den Vitrinen verführt eine große Auswahl selbstgemachter Sweets wie üppige Eclairs, kokette Törtchen, knusprige Tartes und handgemachte Kekse. Die Entscheidung zwischen einem saftigen New Yorker Cheesecake, einer Pariser „Nuit Dorée" aus dunklem Mousse au Chocolat mit Himbeerherz und Goldstaub oder einer herbsüßen Lemon Tart fällt nicht leicht. Produziert wird direkt vor Ort. Seit 2015 sind die sinnlichen Naschereien aus Margareten auch im ersten Bezirk erhältlich: In der Köllnerhofgasse gibt es nun eine kleine Dependance.

Das Restaurant **Heindl's Schmarren & Palatschinkenkuchl** im ersten Bezirk bietet wohl Wiens größte Auswahl an Palatschinken und Schmarren. Ein kurzer Auszug aus der Dessertkarte: Palatschinke mit Eierlikörsauce, mit Topfen und Waldbeerröster oder Marzipan und Schokosauce. Ebenso vielfältig ist das Angebot an Schmarren, das wie eine Reise durch Österreichs Regionen klingt. Neben dem original Wiener Kaiserschmarren lässt sich der Tag in der Palatschinkenkuchl mit Salzburger Topfenschmarren, Tiroler Nussschmarren oder Steirischem Apfelschmarren versüßen.

Apfelstrudel und Kaiserschmarren sucht man in der **Pure Living Bakery** vergeblich, die Naschereien orientieren sich dafür an den Angeboten US-amerikanischer Backstuben. Täglich wechselnde Varianten von Brownies, Muffins, Waffeln, Cookies und Pancakes locken in der Vitrine, das Lokal ist im Vintage-/Shabby-Style eingerichtet.

INFO!

GTOUR genusstouren: Operngasse 32/11, 1040 Wien. Die „Tour süßes Wien" dauert in etwa 3 1/2 Stunden. Für Naschkatzen wird auch die Tour „Schokospur" angeboten. www.gtours.at

Schokov. Extraordinary Chocolates for Extraordinary people:
Siebensterngasse 20, 1070 Wien. Eine Schokoladeverkostung dauert etwa 1 1/2 Stunden, Anmeldung erforderlich. www.schokov.com

NOBNOBs. Die Bonbon Manufaktur: Neubaugasse 80, 1070 Wien. www.nobnobs.at

Heindls SchokoMuseum: Willendorfer Gasse 2-8, 1230 Wien. Termine für Führungen laut Homepage. www.schokomuseum.at

Demelmuseum: Kohlmarkt 14, 1010 Wien.
Geöffnet jeden Freitag 10:00-12:00 Uhr. www.demel.at

Café Residenz: Schloss Schönbrunn, Kavalierstrakt 52, 1130 Wien. www.cafe-residenz.at

Rori's finest sweets: Pilgramgasse 11, 1050 Wien; Köllnerhofgasse 2, 1010 Wien. www.facebook.com/rorisfinestsweets

Heindl's Schmarren & Palatschinkenkuchl: Grashofgasse 4, 1010 Wien. www.palatschinkenkuchl.wien

Pure Living Bakery: Burggasse 68, 1070 Wien; Altgasse 12, 1130 Wien. www.purelivingbakery.com

WIE ZU KAISERS ZEITEN

Wien für NOSTALGIKER

Wer die Trampelpfade der Stadt verlässt, findet so manches in die Jahre gekommene Kuriosum. Zum Beispiel die geheime Schiffskoje des Kaisers, eine mystische jahrhundertealte Grotte oder den größten Theaterfundus Österreichs.

Kapitän Franz Scheriau ist auf allen Weltmeeren gefahren und hat unzählige Länder bereist, bevor er vor ein paar Jahren am Donauufer in Wien vor Anker ging. Hier in der Freudenau nahe der buddhistischen Friedenspagode lebt er auf dem Schiff, das er zu einem **Museum** umfunktioniert hat. Nun sitzt der Mittsechziger in der Kajüte der **Frédéric Mistral**, streichelt seine Schäferhunde Max und Moritz und erzählt zwei Landratten von seinem bewegten Leben.

Während der Ölkrise lieferte der gebürtige Steirer trotz der Blockadepolitik der USA venezolanisches Öl nach Kuba. Als die Amerikaner misstrauisch wurden, stoppte er die riskanten Fahrten. Auf den Fidschi-Inseln wollte er ein Mädchen heiraten, aber das ewige Herumliegen unter einer Kokospalme war ihm bald zu langweilig. Mit Jackie Onassis hat er auch schon getanzt. Er flüsterte der Milliardärsgattin ins Ohr: „Bald bin ich reicher als ihr." Ein paar Monate später war er pleite.

„Die Mistral habe ich Ende der Neunzigerjahre von Rumänien nach Wien geschleppt." Kaiser Franz Joseph habe sie für Inspektionsfahrten durch die Monarchie bauen lassen. „Ob er wirklich jemals an Bord war, weiß ich nicht." Scheriau besitzt nur alte Boote, die meisten davon haben bereits unter dem Kaiser gedient. Auf der renovierten Mistral können Interessenten gegen ein kleines Entgelt mit dem Kapitän einen Rundgang machen.

Wir steigen zu den Mannschaftsräumen hinunter. Vier kleine Betten reichten damals für acht Heizer, die sich bei der Arbeit und beim Schlafen abwechselten. Dahinter liegen zwei Einzelkabinen, die laut Scheriau dem Bootsmann und dem Maschinisten vorbehalten waren. Wo aber ist nun die Kajüte des Kaisers? Scheriau lacht. „Das verrate ich nicht, die müssen Sie selber finden."

Er zeigt uns die kleine Küche, die Lotsenkabinen, die Kapitänskajüte und die Offiziers-

messe. Nur an einer Spiegeltür will er achtlos vorbeigehen. Wir öffnen die Tür trotzdem, und siehe da, es ist die Kabine des Kaisers. Wie für den spartanischen Franz Joseph üblich, wurde sie schlicht eingerichtet und weist auf den ersten Blick nur zwei Besonderheiten auf: einen für damalige Verhältnisse luxuriösen Heizkörper, der gegenüber vom Bett hängt, und zwei Aussichtsluken, damit der Regent sein Reich steuerbord und backbord betrachten konnte.

Dann zeigt uns der alte Seebär „das Herz des Schiffes", wie er den Maschinenraum bezeichnet. Seit 1940 wird mit Diesel geheizt, zu Kaisers Zeiten noch mit Kohle. Bis auf 80 Grad stiegen die Temperaturen, wenn das Schiff Volldampf fuhr. Manche Kunden, so verrät Scheriau, interessierten sich auf dem Schiff eigentlich nur für den Maschinenraum. „Was sich oben abspielt, ist denen egal. Die möchten nur hier unten sitzen und würden am liebsten Kohle schaufeln."

Scheriau besitzt zudem das älteste Schiff auf der Donau, die **ANA**, Baujahr 1894. Damit führt er **Nostalgiefahrten** für kleinere Gruppen durch. Mit dem **Eisbrecher Arthur Kaspar** schippert er auf Wunsch bis zu 50 Personen die Donau entlang. Außerdem hat er noch einen **Fährbetrieb** zwischen der Donauinsel und dem Handelskai-Ufer.

Schloss Neugebäude – das Lustschloss in Simmering

Kunsthistorikerin Helga Rauscher leuchtet mit einer Taschenlampe in einen kleinen Gang, der ins Nichts führt. „Die Fledermäuse lieben diesen Platz", sagt sie. Über Jahrhunderte waren sie wohl die Einzigen, denn **Schloss**

Neugebäude führte ein wahrlich stiefmütterliches Dasein. Im Laufe der Jahrhunderte war es zu einer Ruine verfallen, unbeachtet von den Wienern, ungeliebt von den Herrschenden. Dass wir heute durch die schmalen Räume bummeln dürfen, ist nicht selbstverständlich.

Dabei hatte Bauherr Maximilian II. große Pläne mit dem Renaissanceschloss. Ein Gesamtkunstwerk wollte er schaffen, angelehnt an moderne Vorbilder in Italien und Frankreich. Rauschende Feste ließ er feiern, den mittlerweile abgerissenen Nordostturm verwendete er als persönlichen Wellnessbereich. Doch gelebt hat Maximilian hier nie, er verwendete die Anlage stets als Lustschloss. Strahlend weiß soll es zu Beginn gewesen sein, der Anstrich der Mauern wurde kostbarem Marmor nachempfunden. Das bezeugen Reiseberichte von damals und ein berühmtes Gemälde aus dieser Zeit, auf dem Neugebäude hell durch die Bäume schimmert. Eine Kopie davon hängt heute im Schloss. Gegenüber ist unter einer Vitrine ein Modell ausgestellt, das zeigt, wie die Anlage früher ausgesehen haben könnte. „Es ist eine Mischung aus Realität und Konstruktion, denn weder existieren Baupläne aus dem 16. Jahrhundert, noch kennt man den Namen des Architekten", erzählt Rauscher. Ungewiss sei vieles rund um Neugebäude, gewiss ist jedoch, dass der Kaiser 1576, nur wenige Jahre nach Baubeginn, verstarb. Sein Nachfolger Rudolf II. hatte für das Prestigeobjekt seines Vaters nicht viel übrig und stoppte schließlich die halbherzigen Bauarbeiten 1590.

Maria Theresia konnte noch weniger mit dem Gebäude anfangen. Sie ließ für den Bau der Gloriette steinerne Säulen der alten Galerie sowie die Stierköpfe und andere Teile abmontieren und nach Schönbrunn bringen. Das Gebäude übergab sie dem Militär, das seine Pulverfässer hier lagerte. Selbst die Bezeichnung „Neugebäude" ist nur ein Provisorium, zur Zeit Maria Theresias

wurde der Bau „Ort ohne Namen" genannt. Erst Anfang des 20. Jahrhunderts kaufte die Gemeinde Wien das verfallene Gemäuer – um es abzureißen. Ein entschlossener Simmeringer Gemeinderat konnte Neugebäude schließlich retten. Doch es sollten noch einmal hundert Jahre vergehen, bis das Areal revitalisiert und für Besucher geöffnet wurde.

Nur noch Reste erinnern heute an die einstige Pracht, etwa zwei lang gestreckte Säle, getragen von wuchtigen Wandpfeilern. Wahrscheinlich waren diese Räumlichkeiten bereits damals für Feste gedacht, heute jedenfalls finden hier Veranstaltungen statt. Am Ende des einen Saals führen Stufen hinter einer Tür in die älteste künstlich geschaffene und noch erhaltene Grotte des deutschen Sprachraums. Im Schein der Kerzen strahlt der höhlenartige Raum mit den tiefen Mauernischen eine fast mystisch anmutende Kraft und Ruhe aus. „Das ist der schönste Teil des Schlosses", sagt Rauscher.

Danach führt sie uns ins Freie in den durch Rundbögen verzierten Löwenhof im Norden des Gebäudes. Im 17. Jahrhundert wurden hier Raubkatzen gehalten. Sie zeigt uns eine Halle, in der damals eine frühe Form von Tennis gespielt wurde, und die Stallungen, wo einst ganz besondere Pferde standen. Maximilian hatte sie aus Spanien mitgebracht. Sie eigneten sich für das Rossballett, keine Geringeren als die Lipizzaner sind die Nachfahren dieser edlen Tiere.

Heute ist das Simmeringer Schloss zu neuem Leben erwacht, die Menschen nehmen es wieder wahr und nutzen es für Feste und andere Zerstreuungen. In den alten Mauern finden seit einigen Jahren zahlreiche Veranstaltungen wie Oster- und Weihnachtsmärkte, Mittelalterfeste und private Feiern statt. Im Sommer zieht das Freilichtkino im Schlosshof die Wiener an. „Schloss Neugebäude ist und bleibt eben ein Lustschloss", sagt Rauscher.

Kaiser für eine Nacht

„Alle, die jemals an der Staatsoper oder im Volks- oder Burgtheater gespielt haben, trugen irgendwann ein Kostüm aus unserem Fundus", betont Harald Falk. Der 55-Jährige leitet den Kostümverleih **ART for ART Theaterservice GmbH** in Wien-Penzing und ergänzt schmunzelnd: „Manche der Kostüme sind so alt wie ich. Zum Beispiel Kimonos von *Madame Butterfly* aus dem Jahr 1960." Die meisten Stücke sind aber nachgenäht, die Originale haben schon längst ihren Weg ins Theatermuseum gefunden.

In dem Gebäudekomplex in der Montleartstraße lagern geschätzte 250.000 Kostüme. In 23 Hallen zu je 500 Quadratmetern ist der größte heimische Kostüm- und Theaterfundus Österreichs untergebracht. Die Hauptkundschaft von ART for ART sind Theater, aber auch Privatpersonen haben hier jederzeit Zutritt und können sich ein Ensemble für den großen Auftritt ausborgen. Egal, ob man sich als Kaiser Franz Joseph oder als Steinzeitmensch verkleiden möchte, hier findet sich das passende Outfit. „Manche Leute leisten sich den Spaß für Maskenbälle oder Themenpartys", sagt Falk. Denn billig ist der Verleih nicht. Verkauft wird hier nichts, einzige Ausnahme sind die Flohmärkte, die alle drei bis fünf Jahre in verschiedenen Theatern stattfinden und über die Medien angekündigt werden. Früher sei der Flohmarkt hier in Penzing gewesen. „Aus Platzgründen geht das jetzt nicht mehr."

Kein Wunder, hier wird scheinbar bereits jeder Quadratzentimeter genutzt. Dicht gedrängt auf kilometerlangen Kleiderstangen hängen hinter- und übereinander Kleider, Röcke, Hosen und Jacken quer durch alle Epochen und Stilrichtungen. Diplomatenfräcke aus der Zeit der Jahrhundertwende, Offiziersuniformen der Monarchie, Kleider aus der Renaissance, Reifröcke, ein Steinzeit- oder ein Fantasiekostüm, wie man es vom Life Ball kennt. Das alles wurde und wird in den ART-for-ART-Werkstätten in der Wiener Innenstadt gefertigt. Für jedes Kleidungsstück werden auch passende Schuhe, Hüte und Taschen hergestellt und dann im 14. Bezirk gelagert. Jedes Stück ist hier nummeriert. So können die Mitarbeiter eruieren, wie alt ein Kostüm ist, ob ein Prominenter es getragen hat und bei

welcher Aufführung es zum Einsatz kam. Diese Listen werden nicht etwa in einem Computer geführt, sondern in Mappen eingetragen.

Bei einer zweistündigen **Fundusbesichtigung** werden die Besucher durch fast alle Hallen geführt und erhalten detaillierte Informationen über einzelne Kostüme. Eine freundliche Mitarbeiterin zeigt uns zum Abschied ein paar spezielle Stücke: das Froschkostüm, das Helmut Lohner in der *Fledermaus* getragen hat, und die Uniform, in der unser geliebter Fernsehkaiser Robert Heinrich I. in mittlerweile unregelmäßigen Abständen vor seine Untertanen tritt.

Prinzessin für einen Tag

Wer die historischen Kostüme nicht nur besichtigen, sondern auch selbst anprobieren möchte, hat in Wien natürlich auch dazu Gelegenheit: Die Veranstaltung **Princess for a day** in Hietzing bietet Damen die Möglichkeit, in barocke Kleider und Reifröcke zu schlüpfen und sich wie in alten Zeiten in Corsagen zu zwängen. Mit opulentem Make-up und Hairstyling geht es dann zum Fotoshooting in passendem Ambiente.

Wer an historischen Hintergrundinformationen interessiert ist, nimmt zusätzlich an der Sonderführung **Real Life of Women im Barock** im Schloss Schönbrunn teil. Dabei erfahren die Teilnehmer unter anderem etwas über die damaligen Zwänge, die rigiden Bekleidungsvorschriften sowie tägliche Hygiene und Schönheitspflege.

Kulinarisches

Im gemütlichen Gasthaus **Kaiserwalzer** in Wien-Mariahilf wird böhmisches Bier gezapft und altösterreichisches Essen serviert. Eingerichtet ist das rustikale Lokal wie ein bürgerliches Wirtshaus zur Zeit der Donaumonarchie. Ein Auszug aus der Speisekarte: Tafelspitz (Leibspeise von Kaiser Franz Joseph), Alt-Wiener Backhendl und Kaiserschmarrn. Im Sommer punktet das Kaiserwalzer zudem mit einem großen und wunderschönen Gastgarten.

Das Würstelstandl **Kaiserzeit** am Donaukanal in der Leopoldstadt wurde am 21. Dezember 2015 nach längerem Leerstand um exakt 19:09 Uhr unter großem Publikumsandrang wieder eröffnet. Die Uhrzeit ist eine Anspielung auf das Entstehungsjahr des Kiosks. Lange wurden dort Tabak und Zeitungen verkauft, danach wurde er über Jahrzehnte als Würstelstand betrieben. Die neuen Betreiber, einer davon passenderweise Schauspieler Rudi Roubinek alias „Seyffenstein" aus der ORF-Sendung *Wir sind Kaiser*, schenken Bier aus den ehemaligen Kronländern aus und bewirten die Besucher mit traditionellen Speisen wie dem Alt-Wiener Suppentopf, Kesselgulasch und Sacherwürstel. Speziell kreiert wurde die Kaiserwurst, eine getrüffelte Weißwurst. Ein besonderes Extra sind auch die historischen Fotowände, auf denen Sisi und Franzl als lebensgroße Figuren abgebildet sind. Nur die Gesichter wurden ausgeschnitten. Durchschauen, knipsen – und fertig ist das Selbstporträt in des Kaisers alten Kleidern.

INFO!

Museumsschiff und Donaufähre Bedarfsschifffahrt Franz Scheriau:
Donauinsel – Handelskai-Ufer, Fährbetrieb an Wochenenden und Feiertagen bei Schönwetter von Mai bis September. Ausflugsfahrten bei Bedarf. www.donaufaehre-wien.at

Schloss Neugebäude: Otmar-Brix-Gasse 1, 1110 Wien. Termine für Führungen und Veranstaltungen laut Homepage. www.schlossneugebaeude.at

ART for ART Theaterservice GmbH: Montleartstraße 8, 1140 Wien. Führungen ab zehn Personen, Anmeldung erforderlich. www.artforart.at/verleih.php

Princess for a day: Austria Trend Parkhotel Schönbrunn, Hietzinger Straße 10–14, 1130 Wien. Informationen zu Sonderführungen im Schloss Schönbrunn gibt es ebenfalls auf der Homepage. www.princessforaday.at

Wirtshaus Kaiserwalzer 2.0: Esterhazygasse 9, 1060 Wien. www.kaiserwalzer.at

Kaiserzeit. Wiener Würstelstand: Augartenbrücke/Obere Donaustraße, 1020 Wien. www.kaiserzeit.wien

ÜBER DEN WOLKEN

Wien für ÜBERFLIEGER

Wer die Vogelperspektive liebt, kann im zweiten Bezirk einen Hubschrauber und einen Airbus in einem Simulator steuern oder im Windkanal frei schweben. In Wien-Schwechat ermöglicht eine spezielle Tour Besuchern den Blick hinter die Kulissen des Flughafens.

Sanft drücke ich den Steuerknüppel im Cockpit des Bell 206 Jet Ranger nach links, damit sich der Hubschrauber etwas zur Seite neigt. „Damit darfst du nur kleine Bewegungen machen, er ist sehr sensibel", warnt mich Stefan. Er ist Berufspilot und bringt Laien wie mir das Fliegen mit dem Hubschrauber in einem Simulator der Firma **ViennaFlight** bei. Alle Fluginstrumente, Funk- und Navigationsgeräte sowie GPS funktionieren wie in einem echten Hubschrauber.

Wir fliegen die Donau entlang und das Gefühl, dass wir einen Fehler meinerseits garantiert überleben werden, beruhigt mich etwas. Trotzdem halte ich mich genau an Stefans Anweisungen und mein Herz klopft schneller als sonst. Die endlosen Häuserschluchten, Sehenswürdigkeiten wie der Stephansdom oder die Hofburg, alles liegt in Miniaturgröße zu meinen Füßen. Stefan lotst mich weiter zur Donau City. Eigentlich herrscht dort wegen der UNO Flugverbot, aber in unserem Simulator haben wir Narrenfreiheit. „Wir missachten das Flugverbot frech und schauen mal, wie sie reagieren", scherzt er. Ganz nahe gleiten wir am DC Tower vorbei, mit den Ruderpedalen am Boden steuere ich den Hubschrauber zwischen den Hochhäusern durch.

Als wir den Stadtteil passiert haben, hebe ich das Höhensteuer an, um nach oben zu fliegen. Wir drehen eine Schleife und machen einen Abstecher zum Augarten und seinen klobigen Flaktürmen. Anschließend dirigiert mich Stefan zu unserem Landeplatz, dem Allgemeinen Krankenhaus (AKH). Ich senke die Geschwindigkeit bis auf etwa 20 Knoten und wir landen auf dem Dach des Spitals. Ich bin begeistert. Zwischendurch habe ich immer wieder vergessen, dass ich „nur" in einem Simulator sitze.

Nach der Landung ist vor dem Start. Ich nehme am Kapitänssitz in einem Originalcockpit des Airbus A320 Platz und bin umgeben von einer Unmenge an Schaltern, Hebeln und Anzeigen. Alleine wäre ich komplett überfordert, doch Pilot René ist mir als Instruktor für meinen Airbus-Flug zugeteilt. Seine Kommandos lotsen mich durch die Vorbereitungen für den Start. Ich betätige verschiedene Knöpfe und kontrolliere Displays, bis der Airbus in Schwechat abhebt. „Mit dem Hebel zu deiner Rechten kannst du beschleunigen", sagt er. Das Flugzeug transportierte einst bis zu 180 Passagiere rund um die Welt, doch es ist einfacher zu steuern als der Helikopter. Wer hätte das gedacht?

Während wir aufsteigen, sind ringsum nur blauer Himmel und ein paar Wolken zu sehen. Wir nehmen Kurs Richtung Neusiedler See. Eine sieben Meter

lange 180-Grad-Rundwand täuscht, unterstützt von original Airbus-Soundfiles, so viel Realität wie möglich vor. Unter uns tauchen der Steppensee mit seinem breiten Schilfgürtel und grüne Wiesen auf, Windräder garnieren die künstliche Landschaft. Mithilfe einer „Instructor Station" werden äußere Umstände wie zum Beispiel Wetter oder Tageszeit beeinflusst. Auch das Simulieren von Turbulenzen ist möglich. Darauf verzichte ich an meinem ersten Tag als Pilot. Der Schönwetterflug ist spannend und aufregend genug.

Fliegen im Windkanal

Ich fliege! Mein Schrei wird von der Windmaschine verschluckt. Eine kleine Handbewegung reicht jedoch, um wieder nach unten zu sinken. Instruktor Pieter fängt mich auf und gibt mir ein Zeichen. Zwei Finger bedeuten „Beine

strecken". Ich befolge seine Anweisung und der Wind, der von unten in die Kammer geblasen wird, treibt mich wieder nach oben. Pieter lässt mich los und für ein paar Sekunden schwebe ich. Bei meinem ersten Flugversuch habe ich eine Minute Zeit, um zu versuchen, mich in der Luft zu halten. Immer wieder sinke ich Richtung Bodennetz. Ich konzentriere mich darauf, Arme und Beine langsam zu strecken. Der Luftstrom treibt mich wieder nach oben.

Der **WIND·O·BONA Windkanal** im Wiener Prater zählt zu den größten und sichersten Flugkammern Europas. Er ist 15 Meter hoch, hat einen Durchmesser von über vier Meter und eine Windgeschwindigkeit von bis zu 280 Kilometer pro Stunde. Anfänger dürfen nach einer kurzen Einschulung mit einem Trainer in den Kanal. Der Kleidercode: Overall, Schutzbrille, Ohrenstöpsel und Helm.

In der Zeit zwischen unseren Versuchen unterhalten WIND·O·BONA-Mitarbeiter, allesamt professionelle Indoor-Skydiver, die Gäste. Sie vollziehen mit kleinsten Bewegungen 360-Grad-Drehungen, stehen auf dem Kopf, liegen auf dem Rücken oder machen Saltos in der Luft. Von solchen Kunststücken bin ich noch meilenweit entfernt, aber immerhin halte ich mich beim zweiten Versuch schon etwas länger in der Luft. Angeblich können die meisten Flugschüler nach sechs Minuten Training im Windkanal selbstständig hinauf- und hinunterschweben.

Nachdem ich mich aus meinem Overall geschält und das Equipment abgegeben habe, überreicht mir Pieter mein „Indoor Skydive Diploma". In der Box „Fliegt durchgehend lächelnd" hat er ein Kreuz gemacht. Ich muss wohl noch etwas üben.

Hinter den Kulissen des Flughafens

„Das war der Vorvorvorgänger des Eurofighters", sagt Guide Wolfgang Heinzl und zeigt auf den ausrangierten Oldtimer, der hier neben der Flugnothalle als Ausstellungsstück quasi sein Gnadenbrot bekommt. „Und der kleine Turm dort drüben war 1954 das einzige Gebäude am Flughafen", erklärt

QATAR
30
4320627

Heinzl weiter. „Die Ankunftshalle und auch die Gepäckszentrale waren dort untergebracht. Heute befördern wir 60.000 Passagiere an einem Tag, damals hatte man das nicht einmal in einem Jahr." Er kutschiert uns mit einem Stockautobus über das Vorfeld des **Flughafens Wien-Schwechat**. Im Rahmen der **VISITAIR Tour** machen wir einen Ausflug hinter die Kulissen, denn dieser Bereich ist normalerweise Mitarbeitern vorbehalten.

Der beschauliche Flughafen von damals existiert schon lange nicht mehr. Heute arbeiten in der künstlichen Kleinstadt mehr als 20.000 Menschen. Zusätzlich zum riesigen Passagieraufkommen landen hier pro Woche etwa 30.000 Frachtmaschinen, die zum Teil sogar mit Lkws oder U-Bahn-Waggons beladen sind. Auch der Bambus für die Pandabären im Tiergarten Schönbrunn wird nach Wien-Schwechat transportiert. „Es gibt nichts, was nicht mit einem Flugzeug verschickt werden kann", sagt Heinzl, während er den Bus zwischen den Flugzeugen lenkt. Ein Airbus der Fluglinie EVA Air macht sich gerade bereit für seinen Flug nach Bangkok, ein Condor wartet auf die Starterlaubnis, um aus dem winterlich-grauen Wien Richtung Karibik abzuheben.

Wir lernen, dass es am Flughafengelände zwei Feuerwachen gibt, die im Norden und Osten so stationiert sind, dass die Feuerwehr jeden Teil des Flughafens binnen drei Minuten erreichen kann. Dass 4000 Fahrzeuge für die Bodenabfertigung notwendig sind. Dass der neue Kontrollturm, der 2005 eröffnet wurde, mit einer Höhe von 109 Metern der höchste Tower Europas und der vierthöchste weltweit ist. Dass es im Winter um die 1000 Euro kostet, wenn eine der 20 Meter hohen Hangartüren geöffnet wird, um ein Flugzeug unterzustellen, weil die Innentemperatur sofort gewaltig sinkt. Dass die Hangars die technischen Basen jedes Flughafens sind, denn hier wird gewartet, repariert, gereinigt und umlackiert.

Nach nur 50 Minuten ist die Tour zu Ende. Dabei hat sie begonnen wie eine lange Reise, denn zu Beginn mussten wir die Sicherheitskontrolle passieren, genauso wie echte Passagiere. Spitze Gegenstände und Flüssigkeiten sollten also zu Hause bleiben. Wir machen noch einen Abstecher auf die **Aussichtsterrasse**. Sie ist 250 Meter lang und bietet in einer Höhe von 21 Metern einen grandiosen Panoramablick über das Vorfeld. Im Gegensatz zu anderen Flughäfen gibt es hier keine störende Glaswand, sondern freie Sicht auf die rollenden oder fliegenden Maschinen. Eine Anzeigetafel informiert über die nächsten Landungen und Starts. Da kommt schon ein bisschen Fernweh auf.

Mit der 3D-Brille über und durch Wien fliegen

Wir starten in der Kanalisation, fliegen an der Urania vorbei und über den Donaukanal, rammen im Tunnel fast eine U-Bahn, schweben über Schloss Schönbrunn, rasen blitzartig hinauf in die Wolken, stürzen plötzlich wieder in die Tiefe auf das Häusermeer der Großstadt zu, streifen fast die Hofburg, den

Stephansdom und das Riesenrad. Eigentlich befinden wir uns in einem geschlossenen Raum und stehen auf einer hydraulischen Plattform. MotionRide ist der Fachausdruck für diese Art von Attraktionen.

Das Flyboard der **Vienna Airlines** hebt im Wiener Prater fünfmal pro Stunde ab (siehe auch Seite 10 f.) und entführt während eines turbulenten Fluges zu den berühmtesten Sehenswürdigkeiten Wiens. Die bewegliche Plattform, realistische Wind- und Toneffekte sowie das Flyboard-5D-System sorgen für ein lebensechtes und rasantes Flugerlebnis. Wir kommen so nahe an Bauwerke heran und fliegen durch so enge Gassen, dass dieser Flug im realen Leben nicht möglich wäre. Denn für diesen virtuellen Trip haben die Macher das Wien, das sie brauchen, einfach digital nachgebaut.

Kulinarisches

Ein hungriger Überflieger ist am Flughafen Wien-Schwechat jedenfalls gut aufgehoben. Das **Air Café** punktet mit Sicht auf das Flughafenvorfeld, kredenzt werden Snacks und Mehlspeisen. Auch das Selbstbedienungsrestaurant **Market Place** bietet einen Ausblick auf das Vorfeld. Hier gibt es Pizzas, Sandwiches, heimische und italienische Küche sowie Wokgerichte und ein Salatbuffet. Beide Lokale sind für Nichtpassagiere frei zugänglich.

Mithilfe eines Krans wird die Plattform samt Tisch, Besuchern und Serviceteam in 50 Meter Höhe gehoben. Die Aussicht ist atemberaubend, die Tickets sind heiß begehrt. In unregelmäßigen Abständen gastiert **Dinner in the Sky** in Wien (Foto links). Ein hoffentlich schwindelfreier Spitzenkoch bereitet vor den Augen der 22 Gäste feine Gourmetküche zu und gibt bereitwillig Auskunft über das Menü. Neben dem Dinner in luftiger Höhe werden für kleinere Geldbörsen auch noch Brunch, Lunch, Wine tasting oder Cocktails in the Sky angeboten.

INFO!

ViennaFlight, Flightsimultation & Flighttraining: Schönngasse 15–17/2/Top 3, 1020 Wien. www.viennaflight.at

WIND·O·BONA: Prater 38 a, 1020 Wien. Starterpaket: 49 Euro.
Kinder dürfen ab einem Alter von acht Jahren fliegen. www.windobona.at

Visitair Center: Flughafen Wien-Schwechat – Das Besucherzentrum.
Für die Visitair Tour Reservierung erforderlich.
www.viennaairport.com/visitairtour

Prater Wien: 1020 Wien. www.praterwien.com

Air Café: Terminal 3, Flughafen Wien-Schwechat.

Market Place: Terminal 2, Flughafen Wien-Schwechat.
www.viennaairport.com/restaurants

Dinner in the Sky: www.dinnerinthesky.at

RAUS AUS DEM KONSUMHAMSTERRAD

Wien für UMWELTBEWUSSTE

Shoppen im schönsten Tandlermarkt der Stadt, Mitglied in der Bibliothek für Gebrauchsgegenstände werden, im Reparatur Café die eigenen Elektrogeräte wieder zusammenschrauben oder aus alter Kleidung individuelle Designerstücke nähen. Der Fantasie sind keine Grenzen gesetzt.

Ex-Fußballprofi Herbert Prohaska will sich von seinem Wuzzlertisch trennen, Kabarettist Alfred Dorfer ist auf der Suche nach ausgefallenen Kopfbedeckungen, Physiker Werner Gruber hat ein Modell des Raumschiff Enterprise entdeckt. Der **48er-Tandler** ist wahrscheinlich der einzige Altwarenmarkt mit einem eigenen Song. Dazu wurde ein Video mit prominenter Unterstützung gedreht. Die dafür extra gegründete 48er-Tandler-Band besteht aus fünf Mitarbeitern der MA 48.

Der 48er-Tandler ist in ein modernes und durchdesigntes Gebäude eingezogen, in dem die Waren ansprechend sortiert und präsentiert werden. Die muffige Atmosphäre vieler Flohmärkte und Altwarengeschäfte fehlt, vielmehr wähnen wir uns in einem coolen Shop für Schnäppchenjäger. Auf 900 Quadratmetern bietet die MA 48 hier seit Sommer 2015 noch gebrauchsfähige und funktionstüchtige Waren feil. Das Angebot setzt sich aus gut erhaltenen Gegenständen zusammen, die speziell für diesen Zweck von verantwortungsvollen Müllvermeidern abgegeben wurden, von Altwaren, die vom Zentralen Fundamt nicht abgeholt oder von der Stadt Wien nicht mehr benötigt werden.

Die Auswahl reicht von überprüften Elektrogeräten, Sportutensilien, Instrumenten, Büchern, DVDs und CDs über Geschirr, Spielzeug, Kleidung und Schuhe bis hin zu Fundstücken für Vintage-Fans. In den Werkstätten der MA 48 arbeiten Mitarbeiter Abfälle zu Designstücken um, die als wiederauferstandene Unikate ihren Weg zum 48er-Tandler finden und hier als Präsentations- oder Sitzflächen dienen. Beispielsweise haben sich Mülltonnen in eine Couch oder Einkaufswagen in Stühle verwandelt. Der Verkaufsrenner sind Waschmaschinenbullaugen, die von einem Upcycling-Betrieb zu hübschen Auflaufformen umfunktioniert wurden. Eine größere Auswahl an Secondhandmöbeln finden Interessierte außerdem beim **48er-Basar** in der Donaustadt, dem zweiten Altwarenmarkt der MA 48.

Wer Gegenstände nicht mehr benötigt, die andere noch brauchen könnten, kann diese in einer der 48er-Tandler-Boxen, eigens aufgestellten orangen Containern, bei den Wiener Mistplätzen abgeben. Kleinere Mengen dürfen

auch direkt bei den Altwarenmärkten vorbeigebracht werden. Damit verwandelt man seinen Müll in Waren, über die sich jemand anderer noch freut. Außerdem wird die Umwelt geschont und mit dem Erlös werden soziale Projekte unterstützt.

Die Bibliothek für Gebrauchsgegenstände

Im Mai 2014 eröffneten sieben Studenten in Ottakring nach Berliner Vorbild den Leihladen **Leila** in einem etwa 120 Quadratmeter großen Geschäftslokal. Durch die gemeinschaftliche Nutzung von Gegenständen sollen Geld gespart und die Umwelt geschont, gute Nachbarschaft gefördert, Abfall vermieden und nachhaltiges Konsumverhalten gefördert werden. Jeder kann einen Gegenstand zum Verleihen bringen, Mitglied werden, sich dann etwas ausborgen und den Gegenstand bis zu vier Wochen behalten.

Rund 400 Gebrauchsgegenstände wurden bisher eingebracht, zum Teil als Leihgaben, zum Teil als Schenkungen. Viele davon sind wesentlich teurer als der Mitgliedsbeitrag, wenn man sie neu kaufen müsste. Erhältlich sind etwa ein aufblasbares Doppelbett, verschiedene Fotoapparate, ein Massagetisch, ein DJ-Pult, eine Autobatterie sowie eine Autopoliermaschine, ein Camcorder, Werkzeug, ein Drei-Mann-Zelt, mehrere Griller, Schwimmflossen und verschiedene Musikinstrumente, darunter eine E-Gitarre, ein Tandem, ein Reiskocher oder Campingzubehör. Am liebsten borgen sich die Leute Werkzeug oder Küchengeräte aus, ein absoluter Renner ist die Zuckerwattemaschine. Auf der Leila-Homepage ist es für Mitglieder zusätzlich möglich,

die gewünschten Gegenstände zu reservieren. Der Leihladen selbst wird als Verein geführt - im Moment arbeiten alle Mitarbeiter ehrenamtlich - und wurde für sein Konzept, das Geld und Ressourcen sparen hilft, schon mehrfach ausgezeichnet.

Selbst reparieren statt wegwerfen

Ein halbes Dutzend Frauen und Männer sitzen an dem länglichen Tisch und begutachten ihre mitgebrachten Haushaltsgeräte. Die Mutigeren zerlegen die Teile selbstständig, während die anderen zuvor den anwesenden R.U.S.Z-Mitarbeiter um seinen kompetenten Rat fragen wollen. Die Reparaturarbeiten müssen aber von allen Besuchern selbst erledigt werden. Das **Reparatur Café schraube14** im R.U.S.Z bietet jeden Donnerstagnachmittag Hilfe zur Selbsthilfe.

Regina hat eine Brotschneidemaschine, ein elektronisches Maniküre- und ein Headset mitgebracht. Für ihren blinden Sohn ist ein neues Gerät im Haushalt jedes Mal eine Herausforderung. Deshalb kommt sie öfters ins Reparatur Café. TU-Student Paul will seiner Exfreundin eine Freude machen. Die hängt nämlich an ihrem 20 Jahre alten Toaster, der vor Kurzem den Geist aufgegeben hat. „Ich glaube, es ist nur das Kabel." Informatiker Andreas schraubt an einer ebenfalls 20 Jahre alten Brotschneidemaschine herum. „Die gehört meiner Mutter. Wir haben eine neue gekauft, aber mit der war sie nicht zufrieden. Alte Geräte funktionieren sowieso meistens besser als neue." Für Marianne ist das Reparatur Café schon seit einiger Zeit ein wöchentlicher

Fixtermin. Heute holt sie sich Rat, um eine defekte Lampe wieder zum Leuchten zu bringen. Jeder Einzelne von ihnen sagt: „Ich will nicht immer alles wegschmeißen."

„Die Idee dahinter ist, dass Kunden Geräte auch dann weiter benutzen können, wenn sich die Reparatur durch einen Betrieb nicht mehr auszahlt", erklärt Sepp Eisenriegler, der Geschäftsführer des **Reparatur- und Service-Zentrums R.U.S.Z,** der Mutter des Reparatur Cafés. Die Firma in Hütteldorf, die großteils ehemalige Langzeitarbeitslose beschäftigt, wurde von dem ehemaligen AHS-Lehrer aufgebaut. Hier werden alte Haushaltsgeräte, Unterhaltungselektronik und Computer repariert oder nach einem gründlichen Service wieder verkauft.

„Wenn jemand mit einem komplexen Gerät wie einer Stereoanlage ins Reparatur Café kommt, dann schicken wir ihn zehn Meter weiter zur Übernahme für Reparaturen. Das ist dann kostenpflichtig." Sepp Eisenriegler ist mittlerweile Österreichs erste Adresse, wenn es um das Thema geplante Obsoleszenz, also zur absichtlichen Verringerung der Lebensdauer von Produkten, geht. „Wenn wir eine Waschmaschine von einer Markenfirma überholen, dann tauschen wir jeden Verschleißteil aus. Die hält dann noch zehn Jahre. Kaufen Sie eine neue um 300 Euro, läuft sie nur drei." Bei Geräten wie Filterkaffeemaschinen, Toastern, Mixern oder Föns würde hingegen der Kostenvoranschlag teurer kommen als ein Neugerät. „Da unterstützen wir die Leute lieber, damit sie solche Produkte selber reparieren statt wegwerfen."

Lustiges zweites Leben für Abfall

Regina Lustig macht aus alten Globen Blumentöpfe, aus Saftpackungen Taschen. Schraubverschlüsse verwandeln sich in ihren geschickten Händen zu Quallen, Plastikstoppel erwachen als Hüpfspinnen, Kakteen oder Tierkreiszeichen zu neuem Leben. In ihrer Werkstatt in Ottakring hängt ein riesiger Lampenschirm aus PET-Flaschen. Die Wienerin stellt seit mehr als sechs Jahren hauptberuflich Gegenstände aus Abfall her, schreibt dazu Anleitungen in Form von **E-Books** und veranstaltet **Workshops** für Kinder und Erwachsene.

„Wenn ich im Urwald leben würde, würde ich Sachen verarbeiten, die es dort gibt", erklärt Lustig. „Ich lebe aber hier und der Mist ist auch hier. Ich finde es nicht toll, dass das Zeug produziert wird, aber es ist einfach vorhanden." Sie greift in ein Regal, holt eine rosarote Weichspülerflasche hervor und dreht sie um: Die Flasche hat sich in ein Schwein verwandelt. „Wenn ich es drehe, ist es ganz etwas anderes, aber man erkennt die Herkunft des Gegenstandes trotzdem noch. Das ist das Know-how, das ich in meinen Kursen weitergeben möchte. Nämlich, dass man Dinge auch anders sehen und etwas Neues entstehen lassen kann und nicht alles kaufen muss."

Für ihre Nachbarn hat sie im Hof eine Tonne aufgestellt, in die diese den Abfall werfen, den Lustig gerade brauchen kann. Für ihre Workshops bringen

die Teilnehmer das Material selbst mit. „Ich verwende in meinen Kursen nur Sachen, die man leicht sammeln kann. Mich haben schon Mütter gefragt, was sie kaufen sollen, damit sie genug Mist für den Workshop haben. Aber das ist der falsche Ansatz."

Aus alten Kleidern individuelle Klamotten zaubern

Das bunte T-Shirt, das sie trägt, hat Esther Weinberger aus fünf alten LeiberIn geschneidert. Und die beige Jacke, die ihr zu kurz war, peppte sie mit einem grün gemusterten Stoff wieder auf. „Ich habe das Handwerk nie wirklich gelernt, mein Zugang zum Nähen ist sehr simpel", gibt die Klamottenkünstlerin zu. „Daher gibt es bei mir keine Vorschriften, es wird gleich in den Stoff geschnitten." Auf das Schnittzeichnen, Heften und Stecken verzichtet sie gerne.

Ihr Wissen gibt Weinberger einmal pro Woche in ihrem **Nähcafé** in der Ottakringer Straße weiter. Das Konzept ist außergewöhnlich: Sie kauft fast kein Material, sondern verwendet alte Kleidungsstücke, um daraus neue anzufertigen. „Ich habe schon als Kind genäht. Ich habe mein ganzes Leben lang Vorhandenes wiederverwertet, auch beim Kochen."

Im Nähcafé stellt Weinberger Nähmaschinen, Materialien und ihr Know-how zur Verfügung. „Grundkenntnisse sind nicht erforderlich. Es kommen viele Leute, die noch nie genäht haben. Andere haben Erfahrung und besitzen eine Nähmaschine, aber sie wollen den Austausch mit anderen, weil ihnen das mehr Spaß macht." Jeder, egal ob Anfängerin oder Fortgeschrittener, würde nach dem Workshop mit mindestens einem selbst gemachten Einzelstück nach Hause gehen.

Kulinarisches

Das **WerkzeugH** in der aufgelassenen Firma Werkzeug Huber in Margareten erinnert mit seinen wild durcheinandergewürfelten Sitzgelegenheiten vom Flohmarkt ein bisschen an das nahe gelegene Caritas-Lager **carla**, aber gerade das macht den Charme des Lokals aus. Unmengen von wuchernden Pflanzen lassen zudem tropisches Feeling aufkommen. Im Sommer lungern die Gäste im Schanigarten auf abgewetzten Sofas herum. Die Küche: heimisch und international.

Im Café **Vollpension** in Wieden trifft Jung auf Alt, werden Erinnerungen an Kindheitstage geweckt. In dem liebevoll mit Möbeln aus den Fünfzigerjahren eingerichteten Lokal backen ältere Damen, die eigentlich schon in Pension sind. Die sogenannten „Omas" verwöhnen die Gäste mit alten Familienrezepten, bessern ihre Haushaltskassa auf und gehen einer sinnvollen Beschäftigung nach. Tolles Lokal, super Idee.

INFO!

48er-Tandler – Wiener Altwarenmarkt: Siebenbrunnenfeldgasse 3, 1050 Wien. www.48ertandler.at

48er-Basar: Stadlauer Straße 41 a, 1220 Wien.

Leila Leihladen: Herbststraße 15, 1160 Wien. Standardmitgliedsbeitrag: 36 Euro/Jahr; ermäßigt (nach Selbsteinschätzung): 24 Euro/Jahr. www.leihladen.at

schraube14 Reparatur Café: Lützowgasse 12–14, 1140 Wien. www.rusz.at/967

Regina Lustig: Ganglbauergasse 19/4, 1160 Wien. www.regina-lustig.com

Nähcafé Klamottenkunst: Ottakringer Straße 63, 1160 Wien. Geöffnet jeden Donnerstag von 16:30–21:00 Uhr, zusätzlich spezielle Workshops für Kinder. www.klamottenkunst.at

WerkzeugH: Schönbrunner Straße 61, 1050 Wien. www.werkzeugh.at

Vollpension: Schleifmühlgasse 16, 1040 Wien. www.vollpension.wien

FÜHR MICH IN VERSUCHUNG

Wien für VERFÜHRER & VERFÜHRTE

Wir verraten, was der sinnlichste Shop der Stadt zu bieten hat, wo die Pioniere der Wiener Burlesque zu finden sind, warum Bauchtanz sowohl sexy als auch schön macht und wie man ihn lernen kann.

Negligées, Vibratoren, Kondome, Sexspielzeug oder Massageöle erregen in den hellen, hohen Räumen gut sortiert die Aufmerksamkeit der hedonistischen Kundschaft, dazwischen steht eine Tafel mit der Aufschrift: „Ein Kochlöffel und ein Vibrator gehören in jeden guten Haushalt! Copyright Ingrid Mack." Die diplomierte Sexualpädagogin ist die Betreiberin des Erotikshops **Liebenswert** in Mariahilf, einem Eldorado für sinnliche Frauen, aber auch aufgeschlossene Männer. Neben dem reichhaltigen Sortiment an Freudenspendern bietet Mack eine Reihe an Events und Workshops, bei denen sich ebenfalls alles um ein lustvoll(er)es Leben dreht.

Wie Essen von bloßer Nahrungsaufnahme in ein anregendes Vorspiel verzaubert werden kann, soll Paaren und Singles im **Liebenswerten Kochsalon** nähergebracht werden. In Kooperation mit dem **Wiener Kochsalon WRENKH** veranstaltet Mack regelmäßig Workshops, bei denen es um die Zubereitung von Speisen mit aphrodisierenden Zutaten geht. „Bestimmte Lebensmittel wirken durchblutungsfördernd und regen die Libido an", erklärt die passionierte Kräuterhexe. Zunächst bereiten Kursleiter und Teilnehmer gemeinsam fünf bis sechs Gerichte zu, anschließend wird das Mahl zelebriert. Während des Kochens gibt Mack gerne ihr Wissen über die prickelnden Zutaten weiter. „Die Wirkung von Aphrodisiaka ist seit der Antike bekannt. Wer darauf sensibilisiert ist, achtet mehr darauf, was er isst."

Ausschließlich an Paare richten sich die Massageworkshops, bei denen in angenehmem Ambiente die Techniken der erotischen Massage gelehrt werden. An Mutige richtet sich die **Orgasmus-Schule,** an Selbstbewusste der **Striptease/Burlesque-Kurs**. Das **Damenkränzchen** orientiert sich ein bisschen an den altbekannten Tupperware-Partys, nur dass sie im Geschäft und nicht in einer Privatwohnung stattfinden, es statt Plastikgeschirr um erotisches Zubehör geht und kein Kaffee, sondern Sekt gereicht wird. „Viele Frauen wissen über die Anatomie des weiblichen und männlichen Körpers nur mäßig Bescheid. Darüber rede ich bei meinen

Damenkränzchen genauso wie über lustvolle Dinge wie Vibratoren", erklärt Mack. Kundinnen hatten in diesem Rahmen immer wieder angemerkt, dass diese Art der Information auch Männern zugänglich gemacht werden sollte. Mack nahm sich die Wünsche der Damen zu Herzen. Mittlerweile werden **Herrenrunden** angeboten, die gerne von männlichen Polterern in Anspruch genommen werden.

Dauerhafte Kondomausstellung

Gleich in der Parallelstraße führt Mack zusätzlich ein kleines Kondom-Spezialgeschäft, das **Condomi + Herz**. Das dazugehörige **Condomi-Museum** befindet sich aus Platzgründen jedoch im circa 100 Quadratmeter großen Gewölbe unter dem Liebenswert. Dort sind unter anderem unzählige Verhüterlis in der Form von Kängurus, Teufelchen oder Weihnachtsmännern, Leucht-, Musik- und Sternzeichenkondome sowie handbemalte Präservative ausgestellt. Mack hat auch ein paar historische Stücke gesammelt, zum Beispiel ein Kondom aus einer Fischblase, das etwa aus der Zeit um 1900 stammen dürfte. „Seit mehr als 20 Jahren sammle ich ausgefallene Exponate. Ende der Neunzigerjahre übernahmen wir eine Kondomfabrik in Deutschland und begannen damit, Scherzkondome zu produzieren. Mir war es wichtig, dieses Verhütungsmittel zu enttabuisieren." Damals sei das Kondom als etwas Anrüchiges wahrgenommen worden. „Man konnte sie nur in Automaten auf Männerklos kaufen, für Frauen waren sie kaum zugänglich. Wir wollten das Kondom aus der Schmuddelecke holen."

Dieses „aus der Schmuddelecke holen" ist für Mack ein zentrales Anliegen, das nicht nur für Gummis, sondern ganz allgemein für Sexualität gilt. „Bei vielen Sexshops sind bis heute die Fenster zugeklebt, so als ob es etwas zu verstecken gibt. In meinem Geschäft ist nichts peinlich, die Kunden sollen sich wohlfühlen wie in einem Wohnzimmer. Sex sollte man als etwas Schönes begreifen, das zum Leben gehört und das man nicht verstecken muss."

Komödiantisches Entblättern

Ein hochgeschlitztes Kleid, das den Blick auf die Beine freigibt. Ein Korsett, das den Ansatz der Brüste zeigt. Lange Handschuhe, wie sie Rita Hayworth im Vierzigerjahre-Kultfilm *Gilda* trug. So betritt Kitty Willenbruch die in rotes Licht getauchte Bühne. Sie tanzt zum Song *The Lady in the Tutti Frutti Hat*, wackelt ausgiebig mit Busen und Po und streift langsam ihre Kleidung ab. Sie trägt zudem einen mit Bananen dekorierten Hut, eine Kette aus Früchten, an deren Ende eine Weinbeerentraube baumelt, und in jeder Hand eine Ananas.

„Burlesque ist komödiantisches Entblättern, wobei mein Interesse eher bei der Komik liegt", sagt Willenbruch alias Julia Wank. Sie hat 2002 als eine der Ersten in Wien mit Burlesque-Auftritten begonnen und 2007 gemeinsam mit

ein paar Mitstreitern die **Salon Kitty Revue** gegründet. So wie Willenbruch treten auch ihre Kollegen, alle mit klingenden Pseudonymen wie Bayou Mystère, Mitzi May oder Jacques Patriaque, auf. Letzterer ist wahrscheinlich der einzige männliche Burlesque-Tänzer Wiens und wird auch im Ausland häufig gebucht.

Burlesque sei kein Striptease, betont Willenbruch, es lebe von der Andeutung. „Man zieht sich nie komplett aus. Es gibt auch fast nie dicke Stripperinnen, aber es gibt dicke Burlesque-Tänzerinnen." Die Größe der Brüste spiele keine Rolle, da kein Sex verkauft werde. „Im Vordergrund steht das Komödiantische." Willenbruch liebt aber auch den Glamour, der damit verbunden ist. „Die Kostüme sind an die Zwanziger- und Dreißigerjahre angelehnt", schwärmt sie. „Die Frisur, die schön lackierten Fingernägel, die langen Wimpern." Während der Shows verwandelt sie sich in eine Femme fatale, wirft gerne mit Glitter um sich. „Wann hab ich sonst die Möglichkeit, all das zu tun?"

Seine Glanzzeiten hatte die Burlesque in der ersten Hälfte des 20. Jahrhunderts, dann geriet sie etwas in Vergessenheit. Dank Dita Von Teese erlebt die Kunstform seit ein paar Jahren wieder ein Revival. Willenbruch bezeichnet sich selbst als Wiener Pionierin der Burlesque. Angefangen hat alles in der Arena Bar in Margareten, seit April 2016 ist die Salon Kitty Revue in regelmäßigen Abständen im **Ateliertheater** in Neubau zu sehen. Privat kann man das Team oder einzelne Tänzer jederzeit buchen. Besonders gerne wird Jacques Patriaque mit seiner BOYlesque zu Junggesellinnenabenden eingeladen.

Durch die Shows ziehe sich immer ein roter Faden, die Themen wechseln ständig, so Willenbruch. „Über die Moderation lacht sich das Publikum teilweise krumm. Darauf stehe ich total, das ist viel wichtiger als ein nackter Busen."

1001 Nacht in Neubau

Orientalische Musik, Lichtspiele, die Silhouette einer Frau. Ihr Hintern wackelt im Rhythmus, als sie sich umdreht, sehen wir ihren Bauch flattern, die Hände bewegen sich fließend im Takt. Die Performance wirkt kokett, sinnlich, leidenschaftlich. Natalia Glykioti alias Nelly tritt als professionelle Bauchtänzerin bei Events und Wettbewerben auf. Obwohl bei ihr alles kinderleicht wirkt, steckt jahrelanges Training dahinter. Ihr Können gibt sie in ihrem **tanzEuphoria**-Studio im siebten Bezirk weiter. „Bauchtanzen hat viel mit Selbstbewusstsein zu tun. Frauen zeigen damit, wie schön und sexy sie sind", sagt Nelly und lacht. „Klar machen einige meiner Schülerinnen private Choreografien, um zu Hause ihre Männer zu verführen."

Die rothaarige Griechin absolvierte zu Beginn ihrer Karriere eine Ausbildung als Ballett-, dann als Latin-Tänzerin. Vor zehn Jahren hat sie den orientalischen Tanz für sich entdeckt und ihn lieben gelernt. Gefragt nach ihren Erfahrungen mit den drei Tanzrichtungen, muss sie nicht lange überlegen. „Als ich Ballett tanzte, hatte ich eine knabenhafte Figur. Vom Latin-Tanz wurde ich athletischer und muskulöser, fast wie ein Mann. Durch das Bauchtanzen bekam ich weibliche Kurven, es hat meinen Körper verändert." Bauchtanzen verbessere die Körperhaltung: „Die Schultern hängen nicht mehr, Brüste werden üppiger, die Hände weicher."

Bauchtanz ist eine Kunstform, der eine subtile Erotik innewohnt, und hat nichts mit Striptease oder Lapdance zu tun. Einzelne Körperpartien werden isoliert zum Rhythmus bewegt - und zwar nicht nur der Bauch, sondern auch Hüften, Gesäß, Kopf, Arme oder Beine. „Tänzer tragen ihr Innerstes nach außen, zeigen Charisma, Energie und Gefühle. Wenn man das beherrscht, bekommt das Publikum Gänsehaut."

Nelly ist überzeugt, dass jeder Bauchtanzen lernen könne. „Ich unterrichte auch Kinder und meine älteste Schülerin war 72 Jahre. Und sie war unglaublich gut." Ab und an würden auch Männer in ihre Kurse kommen. „Das würde ich dann aber als Folklore bezeichnen, Bauchtanz ist eine typisch weibliche Kunstform." Prinzipiell sei die Chemie zwischen Lehrerin und Schülerin wichtig. Wie lange es dauert, Bauchtanz zu lernen, sei von Person zu Person völlig unterschiedlich. „Zwischen drei Stunden und einem Jahr." Gemeinsam mit ihren fortgeschrittenen Schülerinnen tritt Nelly einmal jährlich auch vor einem breiteren Publikum auf.

Auf den Spuren von Josefine Mutzenbacher

Die Wiener Prostituierte Josefine Mutzenbacher soll in der zweiten Hälfte des 19. Jahrhunderts gelebt haben. Zumindest erschienen ihre Memoiren erstmals 1906 unter dem Titel *Josefine Mutzenbacher. Die Geschichte einer*

Wienerischen Dirne. Von ihr selbst erzählt. Mit ziemlich großer Sicherheit war Mutzenbacher jedoch eine fiktive Figur, zugeschrieben wird sie dem Autor Felix Salten, der auch das Kinderbuch *Bambi* verfasste.

Die **Josefine Mutzenbacher Führung** zeigt den Teilnehmern des erotischen Spaziergangs ein- bis zweimal pro Woche die Originalschauplätze der Wiener Sittengeschichte und gibt Einblicke in das Leben von Dirnen. Die Führung ist nicht jugendfrei, denn der Guide verrät pikante und frivole Details quer durch die Jahrhunderte von heute und zurück bis in die Römerzeit.

Kulinarisches und Abtanzen

Verschiedene Candle-Light-Dinner-Angebote gibt es im Restaurant **Five Senses** in der Leopoldstadt. Was ist verführerischer als ein aphrodisierendes Dinner bei sanfter Beleuchtung? Geboten wird Crossover-Küche, also regionale Küche, die mit Fingerspitzengefühl, internationalen Zutaten und Gewürzen verfeinert wird.

Roter Plüsch, vergoldete Spiegel, Retrolook, lange Bar, kleine Tanzfläche. Das **Tanzcafé Jenseits** nahe der Mariahilfer Straße war früher ein Bordell und lebt bis heute ein bisschen von dem verruchten Image. Hier wird gerne angebaggert, aber auch verliebte Pärchen mögen das prickelnd-frivol-nostalgische Ambiente des Lokals. Schon das Betreten ist spannender als in anderen Beiseln, muss man doch zuerst anläuten und den Türsteher passieren. Zu essen gibt es nichts, Sperrstunde ist um vier Uhr früh.

INFO!

Liebenswert – feminine LebensArt®: Esterhazygasse 26, 1060 Wien.

Condomi-Museum: Montag bis Samstag ab 12:00 Uhr, Eintritt frei. www.liebens-wert.at

Condomi + Herz, Liebensmittel® aller Art: Otto-Bauer-Gasse 24, 1060 Wien. www.condomi-plus-herz.at

Salon Kitty Revue: www.salon-kitty.net. **Ateliertheater:** Burggasse 71, 1070 Wien. www.ateliertheaternet

tanzEuphoria: Neubaugasse 31, 1070 Wien (im Hof). www.tanzeuphoria.at

Josefine Mutzenbacher Stadtführung: Ganzjährig jeden Samstag um 14:00 Uhr, von April bis Oktober zusätzlich jeden Dienstag um 14:00 Uhr. www.wienfuehrung.com. www.mutzenbacher.co.at

Five Senses: Praterstraße 20, 1020 Wien. www.hackl-gastro.at/five-senses

Tanzcafé Jenseits: Nelkengasse 3, 1060 Wien. www.tanzcafe-jenseits.com

KOMM, SPIEL MIT MIR

Wien für VERSPIELTE

Auch Erwachsene spielen gerne. Sie lösen bei einem viergängigen Menü oder einem ausgedehnten Spaziergang durch die Innenstadt Mordfälle, verhindern die Auferstehung Draculas oder stürmen die Ludothek.

Wer hat den grausamen Mord begangen? Eine der beiden zerstrittenen Immervoll-Schwestern? Der italienische Gigolo und Trüffelbaron Fabrizio Alba? Oder hat es gar Dorfpfarrer Monsignore Innozenz getan, der nur in die Rolle des Inspektors schlüpft, damit er nicht enttarnt wird? Obwohl vor wenigen Tagen der wohlhabende Winzer Meinrad Immervoll kopfüber in einem Weinfass ertrunken ist, findet heute die 100-Jahr-Jubiläumsfeier des noblen Weinguts statt. Geschmacklos, wie manche finden. Trotzdem haben sich die Spitzen der Gesellschaft eingefunden. Während der Feierlichkeiten wird eine weitere Leiche gefunden. Verdächtige gibt es genug. Aber wer hat es getan? Was war das Motiv? Wie wurde der Mord genau ausgeführt?

Wir sitzen als sechsköpfiges Team im Café Residenz und verfolgen das Kriminalstück, das die quirlige Schauspieltruppe im Rahmen von **DINNER & CRIME** aufführt. Mitten im Saal weinen, streiten, intrigieren und flirten die Mimen stundenlang, was das Zeug hält. Auch der Humor kommt nicht zu kurz. Mehr als 60 Gäste sitzen an den kreisförmig angeordneten Tischen des Lokals und genießen währenddessen ihr viergängiges Menü.

Über den Inhalt der Vorführung wollen wir nicht allzu viel verraten. Nur so viel sei gesagt: Das Schöne, das Lustige und das Spannende ist, dass das Publikum nicht nur aufs Zuschauen reduziert, sondern auch interaktiv in das Stück einbezogen wird. Manche Zuschauer werden aus der Menge gefischt und müssen spontan eine Minirolle übernehmen. Und jeder Einzelne versucht, das kniffelige Krimirätsel zu lösen. Der Trupp von Tisch Nummer 10 hat den Mord fast komplett aufgeklärt und erhält als Belohnung eine Runde Sekt. Zusätzlich wird der kreativste Lösungsansatz prämiert. Während dieser vorgetragen wird, brüllt das Publikum vor Lachen. Unsere Bemühungen wurden wohl nicht allzu ernst genommen, aber immerhin sind wir so noch zu einem Gläschen Sekt gekommen.

Wiener Kriminalfälle lösen

Heute ist der Naschmarkt eine schicke Flaniermeile für Bobos und Touristen, zu Beginn des 20. Jahrhunderts bot der Magen Wiens ein ganz anderes Bild. Zwielichtige Gestalten trieben sich herum. Marktfrauen breiteten ihre Waren meist auf dem Boden aus. Die Naschmarkt-Hedi ist im Jahr 1908 so wie jeden Tag zu ihrem Stand unterwegs und stolpert dabei fast über die Leiche eines Burschen. „Jössas na!", schreit sie so laut, dass binnen Minuten die Gaffer zur Stelle sind. Eineinhalb Stunden später trifft Inspektor Nechyba ein, macht sich ein Bild vom Tatort und beginnt sofort mit seinen Ermittlungen.

Mehr als hundert Jahre später sollen wir nun herausfinden, um wen es sich bei dem Toten handelt, wer der oder die Täter sind und was das Motiv für das Kapitalverbrechen war. Ein Mitarbeiter von **LIVE:KRIMI Wien** stattet uns an unserem Ausgangspunkt am Naschmarkt mit Gehstock, Kompass, Fernrohr sowie mit einem Audionavigationsgerät pro Teilnehmer aus. So sollen wir auf den Spuren Inspektor Nechybas den Mordfall lösen.

Die Mission, die uns in den nächsten drei Stunden durch fünf Wiener Innenstadtbezirke führt, trägt den Titel **Diva des Todes** und basiert auf einer Kurzgeschichte, die vom Wiener Autor Gerhard Loibelsberger für das Live-Spiel verfasst wurde. Nechyba ist die Hauptfigur seiner erfolgreichen Reihe historischer Kriminalromane, die 2009 mit *Die Naschmarkt-Morde* ihren Anfang genommen hat. Der übergewichtige Inspektor ist ein Genussmensch, der den schönen Dingen des Lebens sehr zugetan ist. Gemächlich führt uns seine Geschichte quer durch die Innenbezirke, während wir Rätsel lösen, kombinieren und nach weiteren Hinweisen suchen. Nechyba ist uns zwar immer einen Schritt voraus, doch am Ende klären auch wir den kniffeligen Mordfall aus Kaisers Zeiten.

LIVE:KRIMI Wien bietet fünf bis sieben verschiedene In- und Outdoorspiele, das Angebot wird laufend erweitert. Was fast immer gleich bleibt, ist der Schauplatz: Wien. Die Mission **Vienna** führt auf den Spuren eines ermordeten Polizisten durch den ersten Bezirk. Dieser hat eine verschlüsselte Botschaft hinterlassen, die zur Tatwaffe führt.

Bei der Indoormission **Verschollen** müssen wir zunächst ein Schloss knacken, um die Wohnung des vermissten Studenten Steven N. zu betreten. Insgesamt bleibt uns eine Stunde Zeit, um zu klären, ob N. noch lebt und was mit ihm passiert ist. Um das zu schaffen, stellen wir seine Studentenbude ordentlich auf den Kopf, in jeder Schublade und hinter jeder Ritze suchen wir nach Hinweisen.

Im April 2016 startet die Mission **Rettet den Prater**. Die Spieler sollen einer geheimen Organisation von Bankräubern das Handwerk legen. Ihre Basis befindet sich im Vergnügungspark, die Ermittlungen stehen noch ganz am Anfang. Es gibt nur einen Anhaltspunkt: Ein Mitglied der Gruppe konnte festgenommen werden. Es verweigert die Aussage, doch sein Ausweis könnte ein Hinweis sein. Das Tolle an diesem Fall: Die Geschichte ist so konzipiert, dass die Teilnehmer mit so mancher Attraktion des Praters (siehe auch Seite 10 f.) fahren müssen, um das Rätsel zu lösen.

Auf der Jagd nach Graf Dracula

Dorottya Zwick sperrt uns in einen Käfig und dreht die Sanduhr um, bevor sie den Raum verlässt. Sie arbeitet für **Smart Rooms** in Wien-Meidling, einen Anbieter von **Live Escape Games**, der virtuelle Computerspiele in die Wirklichkeit verlagert (Foto Seite 156).

Wir haben die Identitäten von Vampirjäger Professor van Helsing und seinem Gefährten, Rechtsanwalt Jonathan Harker, angenommen und sollen im Laufe der nächsten Stunde Graf **Dracula** vernichten. Es gilt, eine Maschine auszuschalten, mit deren Hilfe Dr. Frankenstein den Vampir mächtiger und schrecklicher als je zuvor wiederauferstehen lassen will. Aber eins nach dem anderen, zunächst müssen wir uns aus den

Käfigen befreien. Nur wo sind die Schlüssel? Mit der Taschenlampe leuchten wir jeden Winkel unserer Zellen aus.

Der Raum ist gefüllt mit Phiolen, Landkarten, geheimnisvollen Zeichen und Zahlen, Vorhängeschlössern an Schubladen und kleinen Holztruhen. Alchemie, Planeten, Sternzeichen, Tarotkarten und die Elemente ergeben verschiedene Hinweise. Wir hanteln uns von Rätsel zu Rätsel. Kaum ist eine Aufgabe gelöst, steht die nächste an. Weiter kommen wir nur mit logischem und strategischem Denken, mit Teamgeist und Kreativität. Die Sanduhr rinnt unbarmherzig weiter, die Stunde vergeht wie im Flug. Was Dracula und Dr. Frankenstein angeht: Denen haben wir selbstverständlich das Handwerk gelegt.

Zehn Cent pro Tag und Spiel

6000 verschiedene Spiele lagern in der **Spielebox** fein säuberlich in Regalen geschlichtet, manche sind zwei- bis viermal vorhanden, das ergibt in etwa 14.000 Schachteln. Die Ludothek in der Josefstadt funktioniert ähnlich wie eine Bibliothek. Für zehn Cent pro Tag und Spiel dürfen Kunden sich etwas aus dem reichhaltigen Sortiment ausborgen und bis zu vier Wochen behalten, vor Ort zu spielen ist gratis. Aus den circa 1000 neuen Spielen, die jedes Jahr auf den Markt kommen, wählt das Team die passenden aus, das Angebot ist also stets aktuell. Zielpublikum: 3- bis 99-Jährige.

Spielen sei nicht nur für Kinder wichtig, findet Ludothekar Stefan Graf. „Auch für Erwachsene ist Spielen ein regelmäßiges Gehirntraining und fördert die soziale Kompetenz." Er selbst schätzt, dass er bereits 2000 Spiele getestet hat. Verspielte berät er gerne. „In der Vorweihnachtszeit erkundigen sich viele nach den Neuheiten am Markt." Aber auch schlechte Verlierer fragen ihn um Rat. „Ein Kunde hat bei einem Brettspiel verloren und wollte von mir eine bessere Strategie lernen."

Die Spielebox wurde 1990 gegründet, da mussten im Laufe der Jahre alte Titel schon mal den neuen in den Regalen Platz machen. „Wir bewahren aber fast alles in einem großen Lager auf", sagt Graf. Wenn jemand aus dem alten Bestand ein Spiel sucht, heben es die Mitarbeiter gerne aus.

Kulinarisches

Die Josefstadt ist quasi die Hochburg für Verspielte. Das Studentenbeisl **Brot & Spiele** in der Laudongasse bietet eine große Auswahl von Brett- und Kartenspielen und veranstaltet regelmäßig Tischfußballturniere sowie jeden Donnerstag einen Bingoabend. Gekocht wird bis ein Uhr früh, auf der Speisekarte steht typische Studentenkost wie Chili con Carne oder Thunfischbaguette.

Im **Café Benno** in der Bennogasse finden die Gäste ebenfalls eine beträchtliche Anzahl von Spielen vor, die auf der Homepage alphabetisch aufgelistet sind. An Dienstagen wird im Untergeschoss ein Quizabend abgehalten. Kulinarisch ist das Benno eher im Bereich der Hausmannskost angesiedelt.

Auch die **SpielBar** in der Lederergasse stellt über hundert Karten- und Brettspiele bereit, zudem ist das Lokal mit Flipper, Darts und Wuzzler ausgestattet. Neben dem Jackpot können die Gäste beim Bingo am Mittwoch auch Wodka-Runden abräumen. Besonderes Zuckerl für Rollenspiel-Fans: Sonntags werden die *Werwölfe vom Düsterwald* gespielt, auch Anfänger sind willkommen. Serviert wird mexikanisches Essen wie Burritos, Enchiladas, Tacos und Salate in der Taco-Bowl.

In der Leopoldstadt ist das **Café Sperlhof** schon längst eine Institution. Das gemütliche Gasthaus offeriert seinen Gästen um die 900 Gesellschaftsspiele, dazu drei Carambol-Tische, Tischtennis, Tischfußball und einen Bücherflohmarkt. Essen zu moderaten Preisen, vor allem Snacks.

INFO!

DINNER & CRIME: Die Spielorte wechseln ebenso wie die Theaterstücke. In Wien wird die Veranstaltung an unterschiedlichen Terminen und Orten (u. a. Café Residenz im Schloss Schönbrunn, Hotel Astoria, Hotel Stefanie) abgehalten. www.dinnerandcrime.com

LIVE:KRIMI Wien: Neustiftgasse 87, 1070 Wien. www.cs-ei.at

Smart Rooms – The Live Escape Games: Grünbergstraße 9/91, 1120 Wien. Zwei bis sechs Personen. Neben dem Dracula-Spiel wird „Das Geheimnis von da Vinici" angeboten. www.smartrooms.at

Spielebox: Albertgasse 37, 1080 Wien. www.spielebox.at

Brot & Spiele: Laudongasse 22, 1080 Wien. www.brot-spiele.co.at

Café Benno: Alser Straße 67, 1080 Wien (Ecke Bennogasse). www.cafebenno.at

SpielBar: Lederergasse 26, 1080 Wien. www.spiel-bar.at

Café Sperlhof: Große Sperlgasse 41, 1020 Wien.

PERFEKTE WELLEN

Wien für WASSERRATTEN

In der Therme Wien verwandeln sich Mädchen in Nixen, in der Donau trotzen in jeder Vollmondnacht Eisschwimmer der Kälte, auf der Donauinsel kämpfen Kanuten und Rafter gegen wildes Wasser. Seepferdchen, Haie und Schildkröten tummeln sich in den riesigen Tanks im Haus des Meeres.

Nixe Nadine klatscht in die Hände und sogleich schwirren Schwanzflossen in allen Farben des Regenbogens um sie herum. Eine Schar junger Sirenen taucht nacheinander aus dem Wasser auf, die Mädchen schnappen nach Luft, kichern und lauschen den Instruktionen ihrer Obernixe. Nadine Brandl ist die beste Synchronschwimmerin Österreichs und Meerjungfrau aus Leidenschaft. Im Nebenberuf macht sie Mädchenträume wahr und lehrt „Mermaiding", bringt ihren Schülern also bei, wie sie mit einer Monoflosse elegant durchs Wasser gleiten.

Unterwasserfotograf Harald Slauschek und seine Frau Nicole waren die Ersten, die in Wien auf den Trendsport aus den USA aufgesprungen sind. Unter dem Namen **Austrian Mermaids** bieten die beiden Workshops in verschiedenen Hallenbädern an, in Wien werden die Kurse in der Therme Wien abgehalten. Slauschek, der am Beckenrand steht und das Nixentreiben aus sicherer Entfernung beobachtet, überlässt die Leitung der Workshops Profischwimmerinnen wie Nadine. Ab und an verwandelt er sich dennoch in einen „Merman". „Ich trage dann ein schwarz-weißes Trikot und meine Nixen nennen mich Merman Orca", erzählt der stattliche Mann und lacht. Er ist unter anderem für die ästhetischen Unterwasseraufnahmen zuständig.

Bei der Frage, wie er denn auf die ausgefallene Idee gekommen sei, diese Kurse anzubieten, muss der begeisterte Taucher nicht lange überlegen. „Meine Frau und ich lieben alles, was mit Wasser zu tun hat. Wir haben dadurch das Mermaiding weltweit eine Zeit lang beobachtet und mit unserer Tochter Leonie selbst ausprobiert. Sie war davon so begeistert und hat mit ihrer Meerjungfrauenflosse immer wieder für so großes Aufsehen gesorgt, dass wir entschieden haben, diese faszinierende Sportart in Österreich anzubieten und bekannt zu machen."

Verschiedene Fernsehserien wie *Arielle* oder *Plötzlich Meerjungfrau* fördern die Sehnsucht, einmal in den engen Beinschlauch und damit in eine neue Rolle zu schlüpfen. Das Nixenfieber hat aber nicht nur kleine Mädchen erfasst. „Auch Erwachsene kommen immer öfter. Einmal absolvierten Tochter, Mutter und Oma gemeinsam den Kurs." Selten, aber doch würden auch Männer den Workshop buchen. „Das Schwimmen mit nur einer Flosse ist ziemlich anstrengend und das perfekte Bauch-Bein-Po-Training", ergänzt Slauschek.

Nach einer Stunde krabbeln rund ein Dutzend erschöpfte, aber glückliche Nixen aus dem Becken. Sie setzen ihre pinken und türkisen Taucherbrillen ab und schlüpfen teils widerwillig aus den bunten Flossen mit dem Schuppenmuster. „Faszinierend war es", japst die zehnjährige Julia begeistert. „Das Schwierigste war, die Schwanzflosse immer wieder aus dem Wasser zu heben. Aber diese wellenartige Bewegung, die man machen muss, ist super. Ich komme hundertprozentig wieder."

Wer dem Mermaiding einmal verfallen ist, hat in Wien wenige Möglichkeiten, dem ausgefallenen Hobby nachzugehen. In öffentlichen Bädern ist das Schwimmen mit den Nixenflossen wegen der durch Platzmangel bestehenden Verletzungsgefahr für andere Badegäste nicht erlaubt. Bleiben noch die Badewanne – und die Workshops von Merman Orca.

Vollmondschwimmen in der Donau

Die einzigen Lichtquellen sind der Vollmond und der beleuchtete Millennium Tower am gegenüberliegenden Ufer. Der Herbstwind pfeift uns an diesem Abend rau um die Ohren. Eisschwimmer Josef Köberl steckt ein Thermome-

ter in die Neue Donau. „Das Wasser hat heute etwa elf Grad", stellt er zufrieden fest. Es ist Ende Oktober und er freut sich, dass die Nächte endlich wieder kühler werden. „Am liebsten ist mir der Jänner. Falls es friert, schlage ich ein Eisloch in den Fluss." Kein Problem für den sportlichen Mann, immerhin hat er den Ärmelkanal in 14 Stunden und 21 Minuten durchschwommen. Dieser Erfolg sowie sein soziales Engagement für die Kinderkrebshilfe brachten ihm den Titel „Wiener des Jahres 2015" ein. Uns ist es fast peinlich, dass wir unsere kalten Hände noch tiefer in den Manteltaschen vergraben. Köberl lacht. „Vielleicht geht ihr das nächste Mal ins Wasser. Falls es weniger als zehn Grad hat, bekommt ihr eine Urkunde."

Mehr als ein Dutzend Leute trudeln in dieser Vollmondnacht ein, um gemeinsam mit Extremsportler Köberl ein paar Runden in der Donau zu schwimmen. Im Jänner 2015 hat der gebürtige Steirer erstmals zum **Vollmondschwimmen** am Rollerdamm geladen. Seither kommen jeden Monat bis zu 20 Mutige, im Winter sind es wesentlich mehr als im Sommer. Köberl empfiehlt, sich zuvor einem Herzcheck zu unterziehen, aber prinzipiell kann jeder mitmachen. „Für gesunde Menschen ist Eisschwimmen toll. Die Durchblutung wird verbessert, Fettverbrennung und Kreislauf werden angekurbelt." Falls jemand Schwierigkeiten hat, ins Wasser zu gehen, rät er ihm, möglichst ruhig zu atmen. „Ich habe noch nie gehört, dass nach dem Eisschwimmen jemand krank geworden wäre. Im Gegenteil, häufig hilft es gegen Gelenkschmerzen und stärkt das Immunsystem."

Acht Leute steigen dann tatsächlich ins Wasser. Ein paar streifen rasch die Kleidung ab und springen hinein, andere gehen das Ganze zögerlicher an. „Oh mein Gott, ist das kalt", schreit eine junge Frau. Manche sind das erste Mal hier, für andere ist es bereits ein monatlicher Pflichttermin. Ein regelmäßiger Gast aus Kärnten ist extra mit dem Motorrad zum Treffpunkt in Floridsdorf gekommen. Mario ist hingegen ein Neuling und erzählt uns, dass er vor ein paar Tagen genau an dieser Stelle alleine versucht hätte, ins Wasser zu gehen, sich aber dann doch nicht getraut hätte. Heute fällt es ihm durch die Gemeinschaft leichter und als er nach ein paar Schwimmzügen wieder heraussteigt, strahlt er unter seiner Stirnlampe übers ganze Gesicht. „Am Anfang tut das Wasser auf der Haut höllisch weh, aber dann ist es einfach nur noch herrlich. Ich fühle mich, als ob ich high wäre."

Das wilde Wasser auf der Donauinsel

Wildwasserstufe III, das bedeutet hohe, unregelmäßige Wellen, Walzen, Wirbel, Presswasser. Für Kanuten und Rafter ist das ziemlich anspruchsvoll. Oder „knackig", wie Michael Straganz die 250 Meter lange künstliche Fahrstrecke in der **VERBUND Wasserarena** gerne nennt. Der Tiroler arbeitet in der Wildwasseranlage auf der Donauinsel und ist unter anderem für ihren

Betrieb zuständig. „Wer unseren Kanal schafft, bewältigt auch jeden Bach mit der gleichen Wildwasserstufe III in Österreich", erklärt er. Der Kajak-Anfängerkurs findet auf der Neuen Donau statt, erst danach folgt der Schritt ins Wildwasser.

Die Anlage nahe des Donaukraftwerks Freudenau wurde im August 2013 eröffnet und ist die erste künstliche Wildwasserstrecke Österreichs. Bis zu zwölf Kubikmeter Wasser pro Sekunde werden per Knopfdruck mit drei Pumpen erzeugt und verwandeln sich in kurzer Zeit in einen wilden Strudel, der Hobbyfahrer und Spitzensportler gleichermaßen fordert. Unter anderem dient der Parcours auch als Trainingsplatz für das österreichische Kajak-Nationalteam und als Wettkampfarena für Europa- und Weltmeisterschaften in unterschiedlichen Disziplinen. Wer an den Wildwassersportarten passives Interesse hat, darf den Profis zusehen.

„So eine Anlage existiert weltweit bis jetzt nur sechsmal und unsere ist die modernste davon", schwärmt Straganz. In der VERBUND Wasserarena gibt es zum Beispiel ein Förderband, das die Passagiere samt Boot vom Ziel- bis zurück ins Startbecken zieht. Alle Rafter und Kanuten müssen aus Sicherheitsgründen Helm, Schwimmweste und Neoprenanzug tragen. Passiert sei noch nie etwas, so der Trainer. „Wir sind stets bemüht, auch für Menschen mit Einschränkungen die Anlage und unser Angebot nutzbar zu machen."

Unterwasserwelten im Haus des Meeres

Jeden Donnerstag um 18 Uhr steigt ein Taucher im **Haus des Meeres** in das Haifischbecken, um aufzuzeigen, dass diese Tiere keine gefährlichen Killermaschinen sind. Intern wird der wöchentliche Event im Aqua-Zoo in Mariahilf aber „Schildkrötentauchen" genannt. „Die Puppi will nämlich die ganze Zeit gestreichelt und massiert werden", erzählt Mitarbeiter Philipp Heinzl grinsend. Die Königin des Haifischbeckens ist nämlich eine Schildkröte.

Als Meeresschildkröte Puppi 1976 auf einem asiatischen Fischmarkt von einer Wienerin vor dem sicheren Tod in einem Suppentopf gerettet wurde, war das Tier gerade einmal 10 Zentimeter groß. Nach einer für eine Schildkröte wahrlich abenteuerlichen Geschichte, die sogar in einem Buch verewigt wurde, kam das illegal importierte Tier 1982 in den Flakturm-Zoo und ist bis heute ein Besuchermagnet. Mittlerweile ist Puppi 1,5 Meter lang, wiegt über hundert Kilogramm und schwimmt glücklich zwischen Riffhaien und Barschen im zweistöckigen Salzwasserbecken. Sie wird das wohl noch sehr lange tun, denn sie hat eine Lebenserwartung von etwa 70 Jahren.

Während des Zweiten Weltkriegs fanden die Wiener in dem grauen Betonriesen Schutz vor Bombenangriffen, heute ist die Trostlosigkeit im Inneren des Turms einer farbenfrohen Fauna und Flora gewichen. Rund 10.000 Tiere wie Krokodile, Echsen, Schlangen, tropische Fische, Korallen, Vögel, Flughunde, Insekten und Affen tummeln sich verteilt auf elf Stockwerke. Kuhnasenrochen schweben geistergleich zwischen Hammerhaien, Jesusechsen werden ihrem Namen gerecht und laufen übers Wasser, Chamäleons thronen gut getarnt auf Ästen, Schildkröten reiten auf einem träge in einem Teich dösenden Krokodil.

Die Plexiglas-Halbkugel „Pacific Eye" vergrößert durch eine optische Täuschung einen kleinen Stierkopfhai zu einem bedrohlich wirkenden Riesenvieh. Auf der wohl längsten Ameisenstraße der Welt schleppen die Tierchen ihr Futter auf einem Weg, der 70 Meter lang ist und über zwei Stockwerke reicht. In einem Kreisel werden winzige Babyseepferdchen mit Plankton gefüttert. „Das Haus des Meeres war eines der ersten Institute weltweit, dem es gelungen ist, Seepferdchen zu züchten", erzählt Heinzl. „Darauf sind wir besonders stolz."

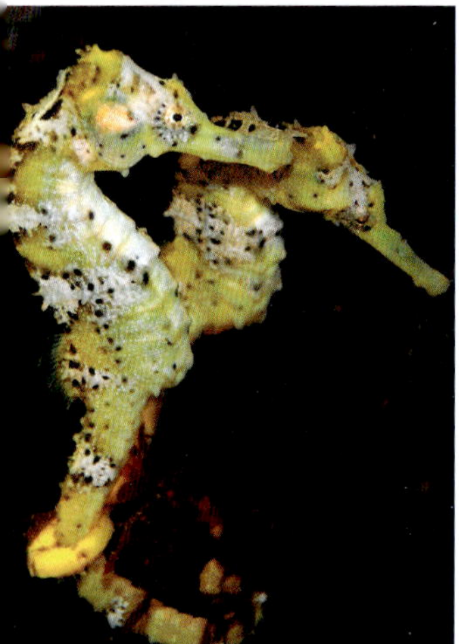

In einem Halbtunnel, in dem eine Brandung erzeugt wird, tummeln sich tropische Fische zwischen Korallen. Im Tropenhaus, das an der Außenfassade des Flakturms hängt, dürfen wir in Anwesenheit eines Mitarbeiters die herumturnenden Weißbüscheläffchen mit lebenden Heuschrecken füttern. Wohl die einzige Möglichkeit in Wien, um ohne Glasscheibe oder Gitterstäben Äffchen hautnah zu erleben.

Das Haus des Meeres bietet unterschiedlichste Events an, zum Beispiel die Reptilien- und die Piranhas-Fütterung oder „Das große Krabbeln" mehrmals im Jahr, bei denen Kinder und Erwachsene auf Tuchfühlung mit Insekten gehen. Abgesehen von Spezialveranstaltungen ist es verboten, Tiere zu berühren. Einzige Ausnahme sind die Koi-Karpfen im Eingangsbereich. Sie haben keine Zähne und nuckeln an den Fingern, als wir die Hände in ihr Becken tauchen.

Die nächste Attraktion im Aqua-Zoo wird voraussichtlich im Juni 2016 eröffnet. Im Erd- und Kellergeschoss wird der „Atlantik Tunnel" gebaut, ein Aquarium, das mehr als eine halbe Million Liter Wasser fassen wird. Die Besucher werden durch eine zehn Meter lange transparente Tunnelröhre spazieren und die Tiere des Atlantiks wie Makrelen, Haie und Rochen von allen Seiten betrachten können – also quasi in die Unterwasserwelt eintauchen, ohne nass zu werden.

Kulinarisches

Fünf Minuten von der Reichsbrücke entfernt legen DJs in der coolen Strandbar **Porto Pollo** direkt am Wasser elektronische Musik auf. Am Wochenende werden hungrige Radler und Jogger zudem vom Grillhendlduft angelockt. Die Location, die wohl zu den schönsten Wiens gehört, punktet mit einem tollen Ausblick auf die Mexikokirche am anderen Donauufer. Besonderer Pluspunkt für Pedalritter: Die Fahrräder dürfen in der warmen Jahreszeit Indoor im dazugehörigen Glaspavillon gegenüber der Bar abgestellt werden. Da versinken die Füße beim Tanzen oder Herumlungern gleich viel relaxter im aufgeschütteten Sandstrand.

Beim **Räucherfisch-Peter** in Wien-Strebersdorf werden Räucherfisch, Frischfisch und Fischsuppe serviert. Als besondere Spezialität gibt es Flammlachs, also am offenen Feuer zubereiteten Lachs. Der rustikale, aber gemütliche Bauernhof ist nur sporadisch geöffnet (alle vier bis sechs Wochen für wenige Tage). Daher unbedingt Öffnungszeiten nachfragen und Platz reservieren.

INFO!

Austrian Mermaids: Therme Wien: Kurbadstraße 14, 1100 Wien. Ca. einmal monatlich in Wien-Oberlaa (an Sonntagen). Kinderkurse, Kurse für Jugendliche sowie Erwachsene. Termine laut Homepage.
www.austrian-mermaids.at

Vollmondschwimmen: Am Rollerdamm, 1210 Wien. Je nach Jahreszeit 21:00 oder 22:00 Uhr. Anmeldung nicht notwendig. Bei Fragen ist Josef Köberl über Facebook erreichbar (→ IISA – Austria).

VERBUND Wasserarena:
Steinspornbrücke/Am Damm 1, 1220 Wien. www.viennawatersportsarena.at

Haus des Meeres: Fritz-Grünbaum-Platz 1, 1060 Wien. Am Dach des Flakturms ist das Kaffeehaus **ocean'sky** untergebracht (Foto rechts). Die rundum führende Terrasse bietet einen tollen Rundumblick auf die Stadt.
www.haus-des-meeres.at

Porto Pollo: Donauinsel 19, nahe U1-Station Donauinsel, 1220 Wien. Geöffnet Dienstag bis Sonntag 14:00–00:00 Uhr. www.facebook.com/portopollo.vienna

Räucherfisch-Peter: Rußbergstraße 85, 1210 Wien (Strebersdorf).
Kontakt: raeucherfischpeter@gmx.at oder Tel. 0699 17279111.

ANHANG

Literaturliste

Bieberger, Christof/Gruber, Alexandra: Ganz Wien für wenig Geld. Metroverlag, Wien 2011.

Gruber, Alexandra/Mendel, Marliese: 50 Dinge, die ein Wiener getan haben muss. Pichler Verlag, Wien 2015.

Eickhoff, Peter: 111 Orte in Wien, die man gesehen haben muss. Hermann-Josef Emons Verlag, Köln 2012.

Knapp, Jine/Rittberger, Doris/Stampach, Fred/Steinweg, Marcus: Bussi Bussi, verliebt in Wien! Der Stadtwanderführer für Verliebte. Rittberger & Knapp, Wien 2013.

Salomon, Wolfgang: Wien abseits der Pfade, Band 1. Braumüller Verlag, Wien 2014.

Stift, Heidi Salome: Lieblingsorte der Wiener. Ein Führer zu legendären Orten in der Stadt und deren spannenden Geschichten – am Wasser, im Grünen, in alten Gemäuern und im Kaffeehaus. Falter Verlag, Wien 2004.

Weiss, Walter M.: 99x Wien, wie Sie es noch nicht kennen. Bruckmann Verlag, München 2015.

Online-Quellen

www.diefruehstueckerinnen.at
www.goodnight.at
www.stadtbekannt.at
www.vienna.at
www.wien.gv.at

Weiters wurden unter anderem eigene Onlinepublikationen der Autorin älteren Datums, diverse Informationsschriften der in diesem Buch vorgestellten Sehenswürdigkeiten und deren Websites, die in den Infokästen genannt sind, als Quellen herangezogen.

Bildnachweis

Alexandra Gruber: 4 (4., 5., 7., 11., 14., 17., 19.), 10, 11, 12, 20, 21, 22 u., 27, 28, 30 o., 31, 34, 36, 37, 38, 39, 40 o., 42, 44, 46 o. l., o. r., u. r., 47, 48 u., 50, 58, 60, 65, 66, 69 u., 70, 72, 73, 74, 78, 84, 88, 90, 91 u., 94, 97, 107, 108, 111, 115 o., 118, 119, 121, 122, 125, 127, 128, 129, 130, 140, 141, 142, 144, 148, 149, 150, 151, 158, 160, 164. Wolfgang Muhr: 4 (2., 15.), 18, 19, 22 o., 23, 40 u., 45, 46 u. l., 48 o., 61, 69 o., 83, 98, 100, 124, 126, 136 u.
istockphoto.com: 6 (AleksandarNakic), 116 (VvoeVale). picturedesk.com: 24 (Stoegmueller Katharina/Verlagsgruppe News), 81 (Franz Soukup), 89 (Per Karo/Lucky Look), 115 u. (Stefan Fürtbauer), 138 (Bill Lorenz). Actionmarketing: 13, 14, 15. Babette's: 63, 64. Christoph Storn: 4 (6.), 52. Clocktower: 75. Dinner & Crime: 157. Esther Weinberger: 146. Flughafen Wien AG: 136 o. Georg Gasteiger: 49. Gerald Neugschwandtner: 62 o., u. Harald Slauschek|H2O-Photography.com: 2, 4 (20.), 162, 163. Haus der Musik/Inge Prader: 103, 104, 109. Haus des Meeres/Hans Novak: 167, 168. HOT ROD TOURS GmbH: 4 (8.), 68, 71. Jürgen Pletterbauer: 62 m. Katrin Kreiner: 56 o. Kuffner Sternwarte/VHS Wien/Julius Silver: 112. Leila: 143. Macarena Amezqueta Fotografia: 154. magdas Hotel: 96, 101 (Paul Kranzler). Marc Greber: 56 m., u. Marco Christian Kren: 29, 30 u., 32 o. Filmarchiv Austria: 53 o. Michaelerkirche/Benedikt Lorsbach: 80. Mon Corps: 4 (10.), 86, 87. NaNa: 152, 153. PolaWalk: 4 (3.), 26, 32 u., 33. Regina Lustig: 145. ROLLERCOASTERRESTAURANT®: 16. Roman Gerhardt/www.kulturkommunikator.com: 4 (12.), 102, 105. Rupert Steiner: 53 u., 54. Sabine Maier: 55. spider-rock.at: 4 (1.), 8, 9, 93. Tiergarten Schönbrunn/Daniel Zupanc: 4 (9.), 76, 77, 79, 91 o., 113, 114. Urania Sternwarte/Julius Silver: 4 (13.), 110. Viennaflight: 4 (16.), 132, 134 o. viennawatersportsarena: 166. wienphoto.com: 4 (18.), 156, 159. Wolfgang Lienbacher/Windobona Wien: 134/135 u.

COVER VORNE: Harald Slauschek|H2O-Photography.com (Austrian Mermaids); Actionmarketing (Bungee-Jumping Donauturm); Katrin Kreiner (VOLXKino); viennawatersportsarena (VERBUND Wasserarena); NaNa (Salon Kitty Revue); Alexandra Gruber (Waldseilpark Kahlenberg); Wolfgang Lienbacher/Windobona Wien (WIND·O·BONA Windkanal); Haus der Musik/Inge Prader; HOT ROD TOURS GmbH; Michaelerkirche/Benedikt Lorsbach (Michaelergruft); Alexandra Gruber (Supersense).
COVER HINTEN: PolaWalk; Alexandra Gruber (Blühendes Konfekt, Radfahrer); Wolfgang Muhr (Frédéric Mistral).

Dank

Besonderer Dank an Christof Bieberger für Input und Korrektur.

Diesen Personen, die uns mit wertvollen Tipps, Ratschlägen und ihrer Zeit unterstützt haben, sei gleichfalls herzlich gedankt: Martin Kalteis (Spiderrock), Milan Brantusa (Wiener Prater), Gregor Konrad (Actionmarketing), Michael Wilhelm (ROLLERCOASTERRESTAURANT®), Paul Hofer (Baggerpark und Nikolo), Familie Perzy (Schneekugelmanufaktur), Anna Nitsch-Fitz, Josef Francsics, Gerhard Gruber (Breitenseer Lichtspiele), Florian Kaps (Supersense), Gilbert Lechner (PolaWalk), Ulrich Hahnkamper (Vienna à la carte), Petra Jens, Sonja Amman (Geh-Cafe), Roman Bruckner (poleArts), Georg Gasteiger (Sensenverein Österreich), Michael Diewald (Blühendes Konfekt), Gertrude Henzl (Henzls Ernte), Larissa Bainschab (Filmarchiv Austria), Andreas Kous, Berndt Anwander (VOLXKino), Michaela Englert (Admiral Kino), Mario und Adriana (Dinner in the Dark), Bianca Gusenbauer (Wiener Sinnestouren), Nathalie Pernstich (Babette's), Andreas Gugumuck (Wiener Schnecke), Christian Hammer ('s Fachl), Kapitän Thomas Graner (DDSG), Florian Matthies, Guide Dominik (Hot Rod), Johanna Bukovsky, Hanno Fürnwein (Tiergarten Schönbrunn), Constanze Gröger (Michaelergruft), Klaus Brenner (Katakomben), Bouschra Portner (Mon Corps), Cristina Morutan (Schmetterlinghaus), Eugene Quinn (Vienna Coffeehouse Conversations), Barbara Niklas (Verein Station Wien), Kurt Lhotzky (Lhotzkys Literaturbuffet), Uwe Stecher (Esperantoverband), Elisabeth Bauer (Haus der Musik), Christine Hierzer Riedler (Marionettentheater Schloss Schönbrunn), Ewa Knaf, Herbert Smutek (Urania Sternwarte), Susanne Prochaska (GTOUR genusstouren), Thomas Kovazh (Schokov), Stephan Putick (NOBNOBs), Rochel Boychev-Sarikov (Rori's Finest Sweets), Kapitän Franz Scheriau (Museumsschiff), Helga Rauscher (Schloss Neugebäude), Harald Falk (Art for Art Theaterservice GmbH), Gerhard Lück, Piloten Stefan und René (ViennaFlight), Stefanie Liller, Instruktor Pieter (WIND-O-BONA), Wolfgang Heinzl (Visitair Center), Das Leila-Team (Leila Leihladen), Sepp Eisenriegler (R.U.S.Z.), Regina Lustig (Lustig), Esther Weinberger (Klamottenkunst), Ingrid Mack (Liebenswert), Julia Wank alias Kitty Willenbruch (Salon Kitty Revue), Natalia Glykioti (tanzEuphoria), Florian Pertlik (LIVE:-KRIMI Wien), Dorottya Zwick (Smart Rooms), Stefan Graf (Spielebox), Harald Slauschek (Austrian Mermaids), Josef Köberl (IISA-Austria), Michael Straganz (Verbund Wasserarena), Philipp Heinzl (Haus des Meeres)

Zahlreiche Institutionen und weitere Personen haben dankenswerterweise Informationsmaterial und weiterführende Informationen zur Verfügung gestellt.

Alexandra Gruber stammt aus Oberösterreich und ist seit mehr als zwanzig Jahren glückliche Wahlwienerin. Sie ist Journalistin und Mitautorin mehrerer Sachbücher. Zuletzt erschien im Pichler Verlag *50 Dinge, die ein Wiener getan haben muss* (2015). Sie bloggt auf www.pilotenbox.at zum Thema Selbstständigkeit.

Wolfgang Muhr wurde irgendwo in den weiten Ebenen des Burgenlands geboren, hat aber schon vor mehr als 30 Jahren in der Großstadt Wurzeln geschlagen. Kreativität, Neugierde und seine Leidenschaft für die Fotografie halfen ihm bei der Umsetzung vorangegangener Projekte, die ihn zum Wien-Kenner machten.

Ob herausgeputzt und Ziel unzähliger Besucher, ob dem Verfall am Stadtrand preisgegeben, ob Hotel, Schuhfabrik oder Gefängnis, ob mit prachtvollem Park oder verwildertem Garten: Charmant und informativ stellt Christina Rademacher Schlösser und „Schlössl" in Wien und Umgebung vor. Die repräsentativen Ziele sind in reizvolle Entdeckertouren eingebettet, wobei sich – je nach Lage und Tour – eine Erkundung zu Fuß oder mit dem Fahrrad anbietet. Unterwegs erfährt man nicht nur Wissenswertes über die Bewohner von einst und heute sowie Sehenswürdigkeiten am Wegesrand, sondern trifft auch auf Schritt und Tritt die lebendige Vergangenheit Wiens.

Christina Rademacher

AUF DEN SPUREN VON PRUNK & POMP

Unterwegs zu den schönsten Schlössern in und um Wien

14,5 x 20,5 cm, 200 Seiten
€ 19,99
ISBN 978-3-85431-690-9

pichler verlag

Sie kennen Wien wie Ihre Westentasche? Alles schon gehört, gesehen, gelesen? Dieses Buch überzeugt vom Gegenteil: Erstaunliches und Unverhofftes, Skurriles und Liebeswertes warten ebenso wie unbekannte Facetten bekannter Sehenswürdigkeiten. Oder sind Sie schon auf der Dachrinne des Stephansdoms spaziert, haben im Volksgarten Rosen geschnitten und alte Buchstaben gerettet?
Alexandra Gruber und Marliese Mendel entführen alle, die die Donaumetropole bereits zu kennen glauben, mit frischem Blick und Liebe zur Stadt in eine urbane Welt voll unerwarteter Entdeckungen.

Alexandra Gruber
Marliese Mendel

50 DINGE, DIE EIN WIENER GETAN HABEN MUSS

13,5 x 21,5 cm, 200 Seiten
€ 19,90
ISBN 978-3-85431-702-9

pichler verlag

ISBN 978-3-85431-727-2

styria BOOKS
Wien - Graz - Klagenfurt

Bücher aus der Verlagsgruppe Styria gibt es
in jeder Buchhandlung und im Online-Shop
styriabooks.at

Buch- und Covergestaltung: Bruno Wegscheider

Reproduktion: Pixelstorm, Wien
Druck und Bindung: Druckerei Theiss GmbH, St. Stefan im Lavanttal
7 6 5 4 3 2 1
Printed in Austria